DIETA
CARNÍVORA

UNA GUÍA COMPLETA PARA VERDADEROS CARNÍVOROS.

de la American Bar Association y un Comité de Editores y Asociaciones.

En ningún caso es legal la reproducción, duplicación o transmisión de cualquier parte de este documento, ya sea por medios electrónicos o en formato impreso. La grabación de esta publicación está estrictamente prohibida, y no se permite el almacenamiento de este documento a menos que se cuente con la autorización por escrito del editor. Todos los derechos reservados.

La información proporcionada en este documento se declara veraz y coherente, por lo que cualquier responsabilidad, en términos de falta de atención o de otro tipo, por cualquier uso o abuso de cualquier política, proceso o instrucciones contenidas en el mismo, es responsabilidad única y absoluta

Contenido

INTRODUCCIÓN

Este es el libro adecuado para usted si es alguien a quien le gusta un jugoso filete o cualquier tipo de carne. Aquí profundizaremos en una dieta que cuestiona lo que sabes sobre nutrición y salud y te anima a explorar nuevas posibilidades. Esta dieta es la dieta carnívora, como sugiere el título. Muchos de ustedes pueden estar o no familiarizados con el concepto de esta dieta, pero todo se aclarará en este libro.

El énfasis principal de la dieta carnívora es comer sólo carne de cualquier fuente y dejar de comer alimentos vegetales. Esta dieta ha ganado recientemente mucha popularidad, y la fuerte motivación de esta dieta suele ser la pérdida de peso. La mayoría de las personas siguen esta dieta para resolver una determinada forma de respuesta autoinmune.

Después de intentar la dieta Paleo y la cetogénica, la mayoría de la gente prueba la dieta carnívora. La dieta Paleo, como se puede aprender, es un estilo de vida cavernícola que se centra en comer alimentos frescos como nuestros antepasados cavernícolas. Elimina todos los alimentos procesados, granos, leche, azúcares, etc. que no estaban disponibles en ese momento. Por otro lado, la dieta cetogénica se basa en una reducción significativa de los carbohidratos en la dieta con un alto consumo de grasas y un modesto consumo de proteínas. Esta dieta es mejor para las personas que buscan un mayor consumo de proteínas y no pueden limitar su consumo de carne o azúcar.

Cuando lea el libro, comprenderá las ramificaciones precisas de la dieta carnívora. La dieta de la carne por sí sola es muy autoexplicativa, pero puedes tratar en algunas áreas grises para construir una dieta saludable aceptable para ti. Mucha gente ha probado esta dieta, y si se sigue correctamente, usted ganará de perder peso y convertirse en saludable. Esta dieta es como un sueño hecho realidad para usted si usted es un amante de la carne.

CAPÍTULO 1

¿QUÉ ES LA DIETA CARNÍVORA?

Imagínate tus comidas de esta semana para un solo día, un plato de bacon por la mañana, un chuletón chisporroteante para el almuerzo y una jugosa hamburguesa de ternera para la cena. ¿Te parece atractivo? Bien, así es como suele ser la dieta carnívora, y cuando la adoptes, disfrutarás de estas comidas sin vergüenza. La única peculiaridad es que en tu hamburguesa no habrá verduras de acompañamiento ni panecillos de hamburguesa, ni siquiera ningún tipo de queso procesado. La dieta carnívora le funcionará mejor si puede prescindir de estos ingredientes adicionales.

A menudo conocida como dieta de cero carbohidratos, dieta carnívora o dieta exclusivamente cárnica, la dieta carnívora tiene un principio simple: sólo se puede comer carne. Esencialmente, para cada comida, se supone que debes comer casi nada más que carne todos los días mientras sigas la dieta. Esta dieta no determina las porciones, las calorías, el horario de las comidas o el porcentaje de macros. Debes comer siempre que tengas hambre y te sientas lleno todo lo que necesites. Algunas áreas grises pueden ser personalizadas por el seguidor de la dieta según su preferencia.

Para empezar, algunas personas añaden nata o queso a sus alimentos de la dieta, mientras que otras se imponen la prohibición total de comer cualquier cosa que no sea carne. Puedes consumir alimentos de origen animal que incluyan carne, huevos o productos lácteos según las directrices de la dieta. Puedes consumir tantas proteínas y grasas de estos alimentos como necesites, pero los hidratos de carbono deben quedar excluidos de la dieta.

Debido al factor de eliminación de carbohidratos, la dieta carnívora es particularmente beneficiosa. Hay algunos lugares en el mundo donde la gente realmente vive sin carbohidratos y se alimenta de la dieta carnívora en su lugar. No es porque sigan una dieta de moda, sino que, desde que pueden recordar, es un patrón que han seguido. Si piensas en sobrevivir sólo a base de carne, pescado, etc. sin ningún tipo de grano o carbohidrato, puede que te suene extremo. Sobre todo porque tu dieta habitual contiene granos como elemento básico y te han aconsejado que son buenos para tu alma.

Sin embargo, las investigaciones demuestran que la adición de carbohidratos refinados es lo que ha provocado un enorme aumento de los niveles de obesidad humana, asma, caries dental y aterosclerosis. Por eso mucha gente está tratando de eliminar los carbohidratos de su dieta en estos días.

Otro factor importante es que una de las principales causas del aumento de peso es el consumo excesivo de carbohidratos. Para ser franco, a algunas personas les ayudará eliminar los carbohidratos mientras que a otras puede no funcionar. Debes cambiar tu dieta para adaptarla a las necesidades de tu cuerpo. Reducir los carbohidratos de los alimentos puede beneficiarte con la pérdida de peso y otros problemas de salud, pero es una macro que tiene que ser regulada y no siempre requiere una eliminación completa.

Se realizaron varios experimentos para ver los efectos en las personas de una dieta baja en carbohidratos, y el estudio muestra que el aumento de los carbohidratos aumenta el rendimiento mental, mejora la resistencia física, promueve el metabolismo y también disminuye la inflamación en el cuerpo. Una dieta baja en carbohidratos es siempre esencial para la salud cardiovascular. Además, aumenta la fuerza, al tiempo que incrementa los antojos de alimentos poco saludables. En conjunto, todas estas consideraciones demuestran que la dieta carnívora sin carbohidratos puede mejorar la salud y también reducir el peso. Esta dieta es sólo una de las variantes estrictas de las dietas bajas en carbohidratos o altas en grasas, como las de Paleo y Keto. En esta edición carnívora, hay una eliminación completa de este macro de la dieta en lugar de simplemente reducir los carbohidratos.

Como ya se ha mencionado, la dieta carnívora tiene un precedente cultural. Por ejemplo, en las comunidades esquimales, su dieta consistía principalmente en una alimentación rica en grasas de salmón, morsa o ballena. Incluso en la región africana de los Masai, la dieta consiste principalmente en carne de origen lácteo. Algunos individuos también han mostrado niveles de colesterol relativamente bajos y tasas de enfermedades cardiovasculares reducidas.

Si quieres pruebas reales validadas de los efectos de la dieta carnívora, lamentablemente no hay suficientes ensayos longitudinales a largo plazo aún completados; sin embargo, hay muchos foros vibrantes en línea que puedes recorrer para leer más sobre los resultados de la vida real de esta dieta.

Muchas de las personas que han seguido la dieta carnívora ofrecen testimonios o comentarios sobre cómo les ha ido con ella. Siempre puedes utilizarlos para juzgar si la dieta se adapta a tus necesidades o no; sin embargo, al final, seguir la dieta tú mismo y experimentarla es la mejor manera de saberlo con certeza. Si no eres un amante de las ensaladas verdes pero disfrutas de tu ración de carne, la dieta puede ser bastante atractiva.

ANTECEDENTES DE LA DIETA CARNÍVORA

Hay una sencilla razón detrás de su éxito, según las personas que defienden los beneficios de la dieta carnívora. La razón por la que nuestros antepasados tendían a alimentarse de carne la mayor parte del tiempo es que les costaba mucho esfuerzo recoger frutas y verduras. Era mucho más eficiente energéticamente cazar y comer carne. Debido a esta dieta carnívora adoptada por nuestros antepasados, nuestros cuerpos han evolucionado de manera que cuando nuestra dieta está centrada en la carne, rendimos al mejor nivel. Esta es una de las principales teorías que explican la dieta carnívora.

Hay muchos ejemplos en la historia registrada de personas de diversos orígenes raciales, religiosos o incluso regionales que han mantenido una dieta centrada en la carne y han sido muy estables a lo largo de su vida. Por otro lado, no se ha documentado ninguna cultura que haya adoptado durante siglos una dieta estrictamente vegana. Debe haber una justificación para que la mayoría de la gente elija la carne como componente principal de su dieta a lo largo de los siglos.

Hoy en día existe un gran estigma contra la carne de vacuno. La mayoría de la gente parece promover una dieta vegetariana o vegana, o incluso frutal, sin ningún tipo de carne o alimento animal. Se les aconseja que la carne es la explicación de la obstrucción de la arteria, el aumento de peso, los niveles altos de colesterol, el estreñimiento, etc. Por lo tanto, se puede renunciar a la carne y adoptar una dieta basada enteramente en plantas; pero, desde la infancia hasta la vejez, no hay ninguna sociedad que tenga personas que hayan vivido sanamente con una dieta vegana.

Cuando se mira antropológicamente, después de una dieta particular, las observaciones del mundo real de diferentes culturas son mucho más verdaderas que cualquier estudio científico realizado para explicarlo. El hecho de que la gente haya prosperado a lo largo de los tiempos con la dieta carnívora es un testimonio mucho más válido que la información obtenida en un estudio científico realizado durante unas pocas semanas sobre unas pocas personas. La alternativa es una forma más práctica de ver la dieta que esta última, que implica a un grupo de personas durante un tiempo comiendo más comida de lo normal al realizar una prueba.

Se han realizado estudios para demostrar específicamente que una dieta con menos productos animales es más saludable que una con más de ellos; sin embargo, la mayoría de estos estudios no han podido demostrarlo, ya que una cultura no vegetariana no es menos saludable que una cultura vegetariana. Los alimentos de origen animal son esenciales para la salud del ser humano. Si se observa a los diferentes grupos del mundo y se investiga también su pasado, se verá que todas las culturas estables viven al menos de algunos, si no de muchos, alimentos de origen animal.

No hay ningún grupo de personas equilibrado que sea completamente independiente de las dietas derivadas de los animales.

Como hemos descrito antes, en el mundo hay dos grupos concretos que se utilizan como ejemplo de comunidad carnívora sana. El primero son los esquimales, que consumen casi exclusivamente carne y grasa. Los habitantes de las regiones árticas sólo vieron un cambio en su dieta a finales del siglo XIX, cuando se construyeron extensas rutas comerciales. Esto les dio acceso al azúcar, la harina y otros alimentos europeos que se introdujeron en su dieta original; sin embargo, antes de este cambio en su dieta estaban más sanos con una dieta que consistía principalmente en proteína animal con grasa. El segundo grupo es el de los masáis africanos, que consumen muy pocos alimentos vegetales y dependen principalmente de la carne de vacuno, la leche e incluso la sangre de los animales. Los pastores de estas zonas africanas consumían más alimentos a la edad de 14 a 30 años, ya que eran sus años de guerrero. Para tener un cuerpo más fuerte, se consideraba que una mayor cantidad de carne era crucial y, por lo tanto, sería beneficiosa para un guerrero.

Sin embargo, hay que recordar que las antiguas culturas que seguían esta forma de alimentación centrada en la carne se adaptaron a algunos factores ambientales intensos. Los pueblos que adoptaron una dieta carnívora se encuentran en zonas desérticas, árticas o subárticas. En estos lugares, la comida es escasa y la disponibilidad de alimentos también es incierta.

Muchas otras culturas siguen viviendo con una dieta basada en la carne; los inuit de la región ártica canadiense, por ejemplo. La mayor parte de su dieta consiste en comida de salmón, morsa, ballena y foca. El pueblo de Chukotka vive con una dieta de criaturas marinas, carne de caribú y pescado en el Ártico ruso. Los samburu y los rendille, en África oriental, han sobrevivido durante años con una dieta de carne y leche. Los nómadas esteparios de Mongolia suelen comer productos lácteos y alimentos todos los días. La carne de búfalo es conocida por los sioux de Dakota del Sur como el alimento básico de su dieta. Para los gauchos brasileños, la carne de vacuno es la parte principal de la comida.

Como puede ver, la dieta carnívora se ha practicado en todo el mundo durante mucho tiempo, y teniendo en cuenta los prejuicios contra la alimentación, estas personas han llevado una vida sana durante décadas. El dogma de la dieta americana para las grasas saturadas y el colesterol de los alimentos está completamente desacreditado. En las clases de personas que se alimentan con una dieta rica en carne en el Ártico y en las tribus africanas no se conocen casos de enfermedades cardíacas o de este tipo en el pasado, y éstas sólo aumentaron cuando incorporaron los alimentos occidentales a sus dietas.

Si te tomas el tiempo de observar la dieta de los grupos étnicos de la región ártica, verás que apenas comen fruta o verdura durante todo el año. ¿No te lleva esto a preguntarte cómo pueden sobrevivir o llevar una vida sana? Todavía sospechas que entonces aportaban cantidades suficientes de vitaminas y minerales esenciales en su dieta; pero, al igual que hoy, han vivido así durante mucho tiempo y han prosperado con esta dieta.

Uno de los principales estudios que apoyan la dieta carnívora es el realizado por un dentista de Cleveland llamado Weston A. Price. Puso en marcha una investigación que había emprendido sobre el tema durante casi una década. Descubrió cómo la mayoría de la gente sufría problemas dentales y otras afecciones fisiológicas por su ocupación. Se dio cuenta de todos los problemas de salud e incluso de las deformidades faciales que el número de pacientes que veía seguía aumentando. Se preocupó por la causa de estos problemas ya que sabía que Dios no era quien permitía que su pueblo sufriera este tipo de miseria. Su pasión y preocupación le impulsaron a explorar la causa de todas estas enfermedades. No había nadie más en ese momento, hace 60 años, que hubiera prestado tanta atención. Fue el único que quiso estudiar otras culturas del mundo y aprender de diferentes personas el origen de los problemas de salud a los que se enfrentaba. Viajó a África, Asia y muchos otros lugares del mundo desde la ciudad de Suiza. En su libro publicado "Nutrición y degeneración física" anotó lo que aprendió e investigó. Este libro fue bastante revelador para las personas que lo leyeron. La atención de Price se centró en los hábitos alimentarios de grupos étnicos de todo el mundo, a los que la dieta moderna no había tocado relativamente. Vio que estas personas mostraban una muy buena forma física y que apenas había brotes de las enfermedades modernas que prevalecen en las regiones exteriores. Esto le sorprendió y sintió curiosidad por saber cómo, sin ayuda de la medicina moderna, podían gozar de tan buena salud. El secreto de todas sus preguntas radica en los hábitos alimenticios de estos grupos étnicos marginados. Su observación fue que todos ellos tenían una dieta que apenas era vegetal y que se basaba principalmente en productos de origen animal. Su investigación fue una prueba más de que la carne es y no debe ser eliminada como una parte muy segura de la dieta humana. Una dieta centrada en la carne tiene suficientes nutrientes y minerales necesarios para una salud física óptima.

El experimento que hay que recordar es uno que tuvo lugar en Point Hope, Alaska, hace años. El lugar está muy aislado, y por eso siguieron una dieta centrada en la carne. El estudio se publicó en 1972 y se centró en su dieta y su salud, aportando numerosas conclusiones. Decía que los habitantes de Point Hope eran una de las pocas culturas que sobrevivían con la dieta de los esquimales. Su ingesta media de calorías diarias era de 3.000 kcal por persona, la mitad de las cuales eran grasas, mientras que alrededor del 35% eran proteínas. Sólo hasta un 20 por ciento de sus calorías se obtenían de los hidratos de carbono en forma de almidón procedente del ganado. Su alimentación apenas contenía trigo y, cuando se añadía un poco al té o al café, era la única vez que se consumía sacarosa. Las investigaciones han demostrado que los residentes de Point Hope tienen una incidencia casi 10 veces menor de enfermedades cardíacas en comparación con el resto de la población general de Estados Unidos. De ello se desprende que, como se dice hoy en día, los alimentos no perjudican la salud cardiovascular. Sin embargo, entre 1906 y 1919, Vilhjalmur Stefansson realizó otro estudio nutricional basado en la carne en los inuit. En su libro "The Fat of the Land" (La grasa de la tierra), expuso este trabajo. Según este informe, los inuit consumen una dieta basada en la carne durante todo el año. En algunas raras circunstancias, pueden consumir ciertos alimentos vegetales, como las bayas, almacenados para el consumo en invierno. También comían verduras como último recurso si no había alimentos disponibles. El propio antropólogo probó la dieta durante un tiempo, pero no pudo mantenerla; sin embargo, en su investigación, habló de cómo los inuit de ambos sexos y de todas las edades vivían felices y prósperos a pesar de vivir con el 100% de los alimentos. El informe también decía que estas personas estaban libres de escorbuto y de otras enfermedades relacionadas con la carne que asustan a la civilización moderna. Para su alimentación, ni siquiera toman sal, y sin embargo no tienen problemas en su cuerpo para los niveles de sodio o electrolitos. El estudio también demostró que comunidades típicas como éstas prosperaban con la dieta carnívora y gozaban de buena salud.

Cuando continúe leyendo este libro, verá cómo funciona la dieta carnívora y por qué incluso en esta época es importante para usted.

BENEFICIOS DE LA DIETA CARNÍVORA

Esta sección del libro le ayudará si necesita estar seguro de la dieta carnívora. Cuando sigues esta dieta basada en la carne de manera apropiada, hay varios beneficios que experimentarás.

1. Pérdida de peso

La mayoría de las personas dudan cuando escuchan que una dieta basada en la carne les ayudará a perder peso o incluso a mejorar su salud; pero a medida que lees más sobre ella, puedes entender exactamente por qué es real. Permítame aconsejarle que se abstenga de comer carbohidratos en esta dieta. Sus niveles de azúcar en la sangre son los mismos cuando su consumo de carbohidratos es bajo, y esto evita los picos de insulina. Esto, a su vez, evitará el depósito de calorías en su cuerpo en forma de grasas, lo que resulta en el aumento de peso o incluso la obesidad. Reducir las calorías de los alimentos a menudo le ayuda a evitar la ingesta de muchas calorías y también disminuye la alimentación poco saludable. Durante sus actividades diarias, su cuerpo sólo necesita tantas calorías como utiliza como combustible.

Si no comes mucho pero consumes más calorías, éstas sólo se acumularán en tu hígado. Por eso el déficit de azúcar de la dieta carnívora puede ayudarte a perder peso. En realidad, esto ayuda a aumentar el número de proteínas y grasas que comes, y esto ayudará a aliviar tu apetito a largo plazo. También elimina los antojos excesivos o las punzadas de hambre. Antes de saber esto, la mayoría de las personas ganan peso ya que se alimentan distraídamente.

La dieta carnívora también ayuda a reducir esto porque no vas a sentir hambre todo el tiempo y comes con más atención cuando tienes hambre. Si lo piensas, los alimentos que comemos mientras vemos la televisión, leemos un libro, etc. suelen ser comida basura que nos llevamos a la boca. Es poco probable que sigas picando un filete o cualquier otro tipo de comida cuando la dieta se limita a los lácteos.

Le ayudará a discernir entre el hambre verdadera y el hambre emocional a lo largo del tiempo cuando observe la dieta. En esta dieta, no podrá echar mano de una bolsa de patatas fritas siempre que quiera, y su consumo de calorías será limitado incluso sin contarlas. La reducción de la ingesta de carbohidratos, como en la dieta cetogénica, también obligará al cuerpo a entrar en cetosis. Así, su cuerpo quema grasa para obtener energía, lo que le permite perder más peso. Si quieres un resumen de cómo esta dieta puede permitirte perder peso, considera lo siguiente. Te da más proteínas y más agua para beber.

Limita los tipos de alimentos que puedes comer y también reduce la cantidad de aceite, azúcar o harina. En su lugar, comerás alimentos de mayor volumen, lo que te permitirá masticar mejor y facilitar la digestión. Por lo tanto, la dieta ayudará a perder peso.

2.   Salud cardiovascular

Hace un par de décadas, se culpaba a la carne e incluso a los huevos de la creciente prevalencia de las enfermedades cardíacas, pero sabemos que no es tan cierto. La carne procesada suele asociarse a las enfermedades cardíacas cuando se trata de carne y no de carne roja. Hay que prestar atención no sólo al colesterol de la carne, sino también a la cantidad de grasas saturadas que contiene. Comer demasiados alimentos procesados o hidratos de carbono hará que aumente el nivel de LDL en tu cuerpo. El LDL es el colesterol malo de su cuerpo que debe reducirse, mientras que el HDL es el colesterol bueno que protegerá su salud. Cuando los niveles de LDL aumentan, esto afecta negativamente a tu salud cardiovascular; sin embargo, puedes aumentar los niveles de HDL con la dieta carnívora y así mejorar tu condición cardíaca.

3.   Reducción de la inflamación

En el caso de la inflamación de su piel, el hígado creará algo llamado proteínas C-reactivas o CRP. El índice de esta PCR muestra la cantidad de inflamación de tu cuerpo. Es un error pensar que los alimentos derivados de los animales son los causantes de la inflamación. Reducir la ingesta de alimentos reducirá la cantidad de inflamación indicada por los altos niveles de PCR. Debe tomar nota de los alimentos vegetales específicos que causan inflamación en su cuerpo y asegurarse de mantenerlos fuera de su dieta. Por lo tanto, una dieta basada en la carne ayudará a reducir la inflamación, lo que contribuirá a reducir las molestias en las articulaciones o la artritis.

4.   Aumenta los niveles de testosterona

Cuando se consume más grasa en la dieta, el nivel de testosterona en el cuerpo aumenta automáticamente. Los estudios han demostrado esto al comparar a los hombres con una dieta baja en grasas con los hombres que tenían una dieta alta en grasas. La dieta carnívora es, por tanto, beneficiosa para que los hombres también aumenten los niveles saludables de testosterona.

5. Mejora la digestión

Si su alimentación no es saludable, el sistema digestivo es una gran causa de preocupación. La mayoría de las personas sostienen que las altas cantidades de fibra en la dieta son importantes para la salud digestiva, pero esto no es necesariamente cierto. Un estudio demostró que el sistema digestivo podría beneficiarse de una menor ingesta de fibra. Como resultado, la dieta carnívora puede ayudar a aliviar el estreñimiento, impulsar los movimientos intestinales y también reducir la hinchazón o las náuseas.

6. Mejora la concentración y la claridad

Si conoces la dieta cetogénica, sabrás que ayuda a potenciar las funciones cerebrales y mejora la concentración o la claridad mental. Del mismo modo, la dieta carnívora también hace lo mismo, llevando al cuerpo a la cetosis. La mayoría de las personas notan un descenso del apetito en esta dieta moderna normal por la tarde; sin embargo, esto puede evitarse ya que la dieta carnívora tiende a mantener los niveles de energía y te mantiene en forma óptima durante todo el día. Dado que las grasas de tu cuerpo son la principal fuente de energía, no tienes que seguir comiendo para reponer tu fuente de energía.

7.   Mejor salud bucodental

El efecto del azúcar en la salud bucal es muy peligroso. Es una de las principales causas de la caries y también provoca un desequilibrio en los niveles de pH de la boca. La dieta carnívora elimina la glucosa de tus alimentos, ayudando a mantener un nivel de pH saludable. También evitará que las bacterias se reproduzcan en tu boca y provoquen que tus dientes se infecten o se caven. Muchas personas también sufren enfermedades de las encías, y la dieta carnívora ayuda a controlarlas con el tiempo y a tratarlas.

8. Mejora de la vista

Cuando sugerimos que el azúcar también tiene un impacto muy malo en su vista, puede que lo dude, pero créanos. Si elimina el azúcar de su dieta, los niveles de azúcar de su cuerpo se reducirán. Esto reduce el riesgo de cataratas y ayuda a mantener los ojos sanos.

9. Simplifica tu dieta

La dieta carnívora es muy fácil de aplicar, a diferencia de otras complejas dietas de moda. No hay recetas ni alimentos especiales que debas consumir. La única proteína que necesitas es la carne o los alimentos derivados de animales. No tienes que preocuparte por los macros, los diarios de la dieta, el recuento de calorías, etc. Planificar o preparar una dieta carnívora no es preocupante.

Como puedes ver, la dieta carnívora puede aportar muchos cambios positivos a tu cuerpo y a tu vida en general. Creemos que debes seguir la dieta y ver por ti mismo si te funcionan como a muchos otros.

LOS EFECTOS DE LA DIETA CARNÍVORA EN LA DIGESTIÓN

Su sistema digestivo desempeña un papel importante en su organismo. Tu dieta, en efecto, tiene un impacto significativo en tu digestión. Por eso es importante prestar la debida atención a los efectos sobre la digestión de los distintos alimentos que consumes. Cada uno de los procesos de tu cuerpo está interrelacionado y, en otros sentidos, también la preocupación por uno de ellos provocará problemas de salud. Este capítulo te ayudará a entender el efecto que tiene la dieta carnívora en el sistema digestivo.

En cada intestino sano hay unos cuantos kilos de microbios. Entre ellos hay unos mil tipos de bacterias diferentes, y su salud gastrointestinal se verá afectada por la presencia de estos microbios. Las bacterias no siempre son malas. Las que están realmente en el proceso digestivo en su estómago son necesarias para un intestino sano. Ayudan a tu cuerpo a absorber los nutrientes de los alimentos digeridos. El intestino delgado y el estómago no pueden digerir ningún tipo de alimento. Los microbios entran en esta etapa y lo hacen por ellos. Por eso, promover una buena salud microbiana en tu intestino es fundamental. Esto lo decidirán los alimentos que consumas. En esto, ciertos alimentos ayudarán, y otros inducirán una reacción negativa.

Para tu sistema digestivo, los alimentos procesados y el azúcar no son buenos. Por eso la dieta carnívora te permite eliminar este tipo de alimentos y apostar por una alimentación sana centrada en la fruta y la carne. Los azúcares y los alimentos procesados en tu intestino pueden provocar el crecimiento de bacterias no deseadas. Esto creará un desequilibrio en tu intestino en un entorno de microbioma equilibrado. Tu sistema digestivo está comprometido y no hay una absorción adecuada de los alimentos. Todos los azúcares, edulcorantes artificiales y aditivos en los alimentos procesados pueden dañar las bacterias saludables en su intestino. Por lo tanto, si quieres que las bacterias probióticas sobrevivan en tu sistema digestivo mientras eliminas las bacterias dañinas, es necesario eliminarlas.

En un sistema digestivo disfuncional, un intestino permeable puede ser otra preocupación. Por lo tanto, la dieta carnívora ayuda a evitar esto y a restaurar la salud. No todos los productos químicos son buenos para el cuerpo en los alimentos que se consumen. Las bacterias buenas y un intestino sano hacen que residan en el tracto gastrointestinal mientras sirven de barrera. La barrera tampoco es eficaz cuando el revestimiento del intestino no está en condiciones saludables. Esto significa que las sustancias nocivas pueden escapar y entrar en el torrente sanguíneo desde el tracto gastrointestinal. Para su organismo, esta situación puede ser muy peligrosa. No sólo entran en el cuerpo bacterias nocivas, sino también contaminantes alimentarios y toxinas. Por lo tanto, es importante prestar atención a la salud del intestino para mantener una barrera saludable.

Un intestino permeable tendrá efectos adversos en los distintos aspectos de su cuerpo. Abarca el cabello, las hormonas y el cerebro. Usted puede preguntarse cómo la dieta de los carnívoros ayuda a prevenir esto. Por lo tanto, la limitación de la dieta juega un papel importante. Tanto los cereales como las legumbres pueden hacer que la barrera se debilite. El gluten puede ser una de las principales causas de los trastornos autoinmunes en estos alimentos. La zonulina es una molécula de proteína que se activa a partir de los granos por el gluten. Esta molécula proteica rompe los enlaces dentro de las paredes intestinales, las células y el revestimiento intestinal. En estos alimentos, las lectinas y los ácidos fíticos también debilitan la barrera y, por tanto, son malos para la salud del intestino. Estos productos también pueden provocar el síndrome del intestino permeable, que es un trastorno gastrointestinal muy poco saludable. Ninguno de estos granos o legumbres se incluye en la dieta carnívora, por lo que no afecta al revestimiento del intestino. Por el contrario, las grasas de la dieta ayudarán a activar las proteínas que, al reducir la inflamación y fortalecer el intestino.

En términos de grasas alimentarias seguras, la dieta occidental moderna es tristemente escasa. La gente ha reducido al máximo su consumo de grasas porque cree que son las culpables del aumento de peso y otros problemas de salud. La realidad es que la causa son los azúcares y las grasas saludables. Por otra parte, estas calorías deben evitarse, y esto se apoya en la dieta carnívora. En su lugar, se recomienda comer alimentos con mucha grasa dietética, como la carne y otros productos lácteos. Comer carne alimentada con pasto junto con mariscos le proporcionará un suministro regular saludable de ácidos grasos omega-3. Estos son beneficiosos y mejoran la abundancia de bacterias, que son necesarias para una correcta digestión. Esta estructura del microbioma gastrointestinal es como un pequeño mundo en sí mismo, y la diversidad es siempre una buena manera de crecer. Cuantas más grasas saludables contenga tu dieta, más diversa será, por lo que será mejor para tu salud.

La mala alimentación y el estilo de vida occidentales han provocado casi todos los problemas de salud de estas décadas. La comida que cocinamos, la forma en que todos vivimos tiene un impacto negativo en nosotros y por lo tanto causa enfermedades. Los alimentos de la dieta moderna están llenos de OGM, pesticidas, toxinas, aditivos, etc., que destruyen los intestinos en su conjunto. Se puede mejorar la salud del sistema digestivo pasando a la forma de alimentación sencilla que adoptaron nuestros antepasados. Cuanto más alimentos procesados comas, peor será. La dieta carnívora ayudará a prevenir enfermedades que son peligrosas.

No hay que preocuparse por la falta de alimentos en la dieta. A la mayoría de nosotros se nos ha aconsejado que, para un sistema digestivo equilibrado y los movimientos intestinales diarios, la fibra es importante. Este elemento está ausente en la dieta carnívora; sin embargo, la fibra no es tan importante como parece. En lugar de las proteínas, la grasa natural de los alimentos puede ayudar a regular el intestino. Estas grasas alimentarias estimulan el proceso de eliminación de residuos del organismo. Es posible que la frecuencia sea menor que la ordinaria, pero eso es natural. La dieta carnívora es la explicación de todo esto. Básicamente, el cuerpo no tiene que deshacerse de tantos residuos como en la dieta habitual. Es cierto que, debido a su particular estructura genética, la fibra es importante para algunas personas, pero no es obligatorio para todo el mundo llevar una dieta rica en fibra.

Tienes que saber que, de un modo u otro, todos los sistemas del cuerpo están interconectados, por lo que el sistema digestivo también está conectado con el cerebro. Tu corazón funciona en tu cuerpo como un nuevo cerebro. Por eso, cuando tienes que tomar algunas decisiones, la gente dice: "Sigue tu instinto". Hay muchas investigaciones que sugieren que el corazón y la mente están vinculados entre sí. Tu corazón está fuertemente conectado a tus sentimientos, aunque no hayas sido consciente de ello. ¿Te has dado cuenta de que te duele el vientre cuando estás aterrorizado o ansioso, o de que a veces parece que se mueven mariposas? Por eso el intestino es sinónimo de tantos dichos. Esto también está respaldado por un razonamiento científico. El intestino contiene el sistema nervioso entérico o SNE. El SNE regula las secreciones y el flujo sanguíneo del tubo digestivo. Gracias a este proceso se puede oír lo que pasa en el estómago. Por eso el intestino tiene mucho control sobre la digestión de tu cuerpo.

Incluso esto está relacionado con el funcionamiento de tu intestino cuando experimentas estrés. ¿Le resulta familiar el instinto de lucha o de huida? En los seres humanos, se trata de un instinto que les ayuda a protegerse. Ese reflejo se encarga de regular la cantidad de cortisol en su cuerpo.

Cuando no hay presión, el cuerpo actúa de forma natural. Pero cuando se encuentra con presión, este sentimiento de lucha o huida también lo siente el cuerpo.

El cuerpo humano no parece ser capaz de distinguir entre el estrés físico y el psicológico. Usted corre un alto riesgo de inflamación crónica si es una persona que lucha contra el estrés crónico o la ansiedad. En caso de dolor, el cuerpo reaccionará de la misma manera que si se tratara de una enfermedad. Si quieres prevenir los daños de la inflamación en tu cuerpo, es importante que intentes eliminar esa presión de tu vida diaria. Presta atención al vínculo entre el subconsciente y el intestino. El cuerpo tiene una forma de avisarte cuando tiene problemas para que te esfuerces en cuidarlo. Cuando llevas una dieta saludable como la dieta carnívora, tu salud estomacal mejorará, así como tu salud mental. El síndrome de intestino permeable que mencionamos antes podría incluso causar niebla mental, así que ten cuidado con estos síntomas. Mejorar el bienestar del estómago mejorará la claridad mental.

EL EFECTO DE LA DIETA CARNÍVORA SOBRE EL COLESTEROL

Un concepto erróneo común es que una de las principales causas de los niveles elevados de colesterol malo es comer carne, mantequilla o incluso huevos. Oirás a muchos de los llamados gurús del peso aconsejarte que dejes de comer alguno de ellos si quieres perder peso o mejorar. Es probable que pongas en duda la credibilidad de que afirmemos que una dieta rica en estos alimentos no tendrá ningún efecto sobre tu salud, especialmente en lo que respecta al alcohol. Puede parecer que estamos sugiriendo que comer mucha comida basura no hará que tengas sobrepeso. Pero en honor a la verdad, no hay ninguna relación entre ambas cosas.

Hay muchos mitos asociados al colesterol. En este capítulo trataremos de explicar cómo su dieta puede afectar a sus niveles de colesterol y si debe preocuparse o no. Pero para ello debes tener la mente abierta y desprenderte de los malentendidos que ya tienes. Sólo entonces entenderás cómo funciona y por qué estás a salvo con la dieta carnívora.

La mayor parte de lo que sabemos sobre el colesterol no es exacto y se basa únicamente en afirmaciones infundadas de algunas personas que no entienden nada mejor. El colesterol es un material similar a la cera que crean los seres humanos y los animales. Ninguna otra forma viviente produce colesterol; por lo tanto, está libre de todas las fuentes vegetales. Algunos estudios han demostrado que las personas con las arterias obstruidas son más vulnerables a las enfermedades cardiovasculares. Existe una conexión directa entre las arterias y el corazón que afecta a su salud.

Cuanto más obstruidas estén las arterias, mayor será el riesgo de morir por un accidente cerebrovascular o un paro cardíaco. De este estudio dedujeron que el colesterol era el culpable de los problemas cardíacos, ya que era el que dañaba las arterias. Por eso se explicaba a la gente que si consumían alimentos ricos en colesterol, aumentarían sus niveles en sangre y, por tanto, provocarían enfermedades cardíacas. Naturalmente, la gente empezó a demonizar la carne roja, la mantequilla, los huevos y los alimentos ricos en colesterol.

Sin embargo, ¿afectan los alimentos ricos en colesterol a los niveles del organismo? La conclusión es que no porque el cuerpo ya sabe cómo regular los niveles de colesterol. Dado que el colesterol es producido por el propio cuerpo humano, tiene su función de mantener los niveles saludables del organismo. Funciona como un mecanismo de retroalimentación donde el cuerpo deja de producir colesterol cuando nota que ya tiene niveles altos. Del mismo modo, si los niveles de colesterol bajan, la piel liberará más cantidad.

Lo que hay que recordar es que no es sólo el colesterol malo. Tiene la clasificación de colesterol bueno y colesterol malo. Debes prestar atención a esto. El colesterol existe como una molécula de grasa que, como la sal o el azúcar, no es soluble. Por eso, cuando pasa por el cuerpo, necesita un conducto, ya que no desaparece en la propia sangre. Los átomos de colesterol utilizan este canal como lipoproteínas. Son un grupo mixto de moléculas que incluye proteínas y grasas. Cuando es necesario, la función principal de las lipoproteínas es transferir el colesterol a los órganos o células. Existe una clasificación de dos tipos de lipoproteínas que se encargan de este transporte de colesterol. Una es la lipoproteína o HDL de alta densidad, y la otra es la lipoproteína o LDL de baja densidad. Aunque teóricamente no es posible llamar al colesterol HDL y LDL, se conoce como colesterol bueno y malo.

Las moléculas de HDL tienen la función de transportar el colesterol al hígado desde varias partes del cuerpo. Se elimina o se recicla para la piel en el hígado. Las partículas LDL llevan el colesterol al resto del cuerpo desde el hígado. Si su cuerpo tiene un alto nivel de HDL o colesterol bueno, tiene un riesgo reducido de sufrir enfermedades cardiovasculares. Su dieta debe ser rica en fibras dietéticas naturales para aumentar el nivel de HDL. Por ello, una dieta baja en carbohidratos tiene un efecto positivo en los niveles de HDL.

Por otro lado, la cantidad de LDL no debería ser alta, y por eso se le llama colesterol malo, pero es sólo una lipoproteína de baja densidad y no colesterol real. El LDL en sí es responsable del transporte del colesterol, y se lleva más colesterol al hígado cuando el nivel de colesterol es alto. El aumento de los niveles de LDL es el responsable del mayor riesgo de enfermedades cardíacas. A este impacto negativo contribuyen también las moléculas de LDL de mayor tamaño. Una dieta baja en carbohidratos ayuda a convertirlas en moléculas más grandes y también contribuye a reducir el LDL en sangre. Ahora puedes entender que una dieta alta en grasas no causará problemas de colesterol. Este tipo de dieta hace que el nivel de colesterol del cuerpo esté más equilibrado.

También somos precavidos con los niveles de triglicéridos, al igual que con el colesterol. Pero la mayoría de las preocupaciones relacionadas con los triglicéridos son infundadas. Los triglicéridos son el tipo de grasa más común que se encuentra en los alimentos. Ayudan a proporcionar aceite al cuerpo. La única distinción es que se utilizarán en el futuro para almacenar combustible y no para el uso inmediato del cuerpo. Una vez que el cuerpo descompone los carbohidratos para su uso como combustible, algunos de ellos se procesan como triglicéridos en las células. Cuantos más hidratos de carbono interactúan con el cuerpo, más produce insulina. Un exceso de glucosa en el torrente sanguíneo puede provocar complicaciones en el nivel de azúcar en la sangre, y esto aumentará los niveles de triglicéridos producidos. Ahora bien, no hay que pensar todavía en las grasas. Llevar una dieta baja en carbohidratos ayudará a evitar este tipo de complicaciones. La dieta carnívora también reduce las calorías y ayuda a mantener una buena salud.

No se deje engañar por los mitos sobre el colesterol y los conceptos erróneos. Antes de aceptar lo que se dice en general, es importante conocer el razonamiento científico que hay detrás de algo. Una verdad a medias puede ser engañosa y equivale a una mentira. Si aprendes más sobre algo, te ayudará a entenderlo mejor. Por eso intentamos explicarte los detalles de la dieta carnívora y su efecto en el organismo. Este libro no es sólo una guía en blanco que te dice que hagas esto y aquello mientras hace afirmaciones falsas.

Estamos aquí para hacerle entender cómo funcionan las cosas en su cuerpo y por qué estamos siguiendo esta dieta en particular para ayudarle a perder el peso no deseado, magra y mantenerse saludable durante mucho tiempo.

CAPÍTULO 2

¿CÓMO EMPEZAR LA DIETA CARNÍVORA?

Si vas a probar la dieta carnívora por tu cuenta, tienes que darte cuenta de que no vas a obtener resultados inmediatos. Todas las dietas saludables muestran resultados después de algunas semanas. Debes empezar con un objetivo de un mes con la dieta carnívora. Si ves que funciona y no encuentras efectos secundarios malos, puedes seguir a partir de ahí. Toma nota de cómo te sientes en cosas como la fuerza, los antojos de comida, etc. en el mes y marca tu peso cada semana también. Este tiempo lo puedes utilizar para ser subjetivo con la dieta y ver cómo te funciona. Un diario de fitness es una gran manera de mantenerse inspirado y hacer un seguimiento de la mejora. En este capítulo intentaremos ayudarte en el proceso de inicio de la dieta carnívora.

ETAPAS DE LA DIETA CARNÍVORA

Puedes dividir la dieta carnívora en tres etapas, y esta sección te ayudará a conocerlas. Puedes elegir una etapa a la vez cuando empieces la dieta carnívora o simplemente empezar desde la segunda etapa si te viene mejor. Te ayudaremos a entender las implicaciones de cada etapa y mucho más.

Primera etapa

En este momento puede comer la carne o el marisco que desee. El café o el té no están prohibidos. El queso, el tocino e incluso la crema de leche están permitidos. Esta es la fase que ayuda al cuerpo a adaptarse a la dieta carnívora y te anima a añadir suplementos adicionales para ayudarte en el proceso. También se recomienda que los electrolitos mitiguen el efecto diurético de la dieta carnívora en el cuerpo; pero, incluso si usas yodo, debe ser kosher. Para cualquier punto de la dieta, se aplica esta regla de la sal kosher.

Segunda etapa

Todo lo que se hace en la primera etapa está permitido en la segunda, con dos excepciones. Aquí se incluyen tanto el bacon como el salchichón, las salchichas, etc. También debe dejar de tomar café y té, ya que hubo tiempo suficiente para deshacerse del hábito durante el período de adaptación; sin embargo, este segundo aspecto no es tan importante como dejar la carne procesada que no es saludable para usted.

Tercera etapa

Es un poco más difícil para ti en este punto de la dieta, pero si quieres que la dieta carnívora funcione de manera óptima para ti, es necesario trabajarla. Excepto la carne de vacuno y el agua, elimine todos los alimentos y bebidas de su dieta. Muchas investigaciones han demostrado que al seguir esta dieta, la carne de vacuno es la opción más saludable. Ya que hemos eliminado la carne procesada, necesitas encontrar un lugar que te proporcione carne orgánica alimentada con pasto. Renuncia a cualquier otra carne o marisco que no sea de vacuno en esta etapa; sin embargo, no te estreses por la fuente alimentada con hierba si es demasiado cara.

Intenta limitarte a comer agua y carne de vacuno. Hay varios tipos de carne de vacuno que puedes ir cambiando para no aburrirte con la dieta.

En los primeros 30 días de empezar la dieta carnívora, sigue estos tres pasos. En este momento, no intentes retocar la dieta para que te adaptes bien y te funcione a la perfección. Después de los 30 días la adaptarás a tu estilo de vida y a tus deseos. Experimente con los alimentos aprobados y vea lo que le funciona mejor. Puede que descubras que algunos tipos de alimentos, incluso dentro de la dieta, pueden ayudarte a perder peso mientras que otros pueden hacerte ganar un poco. Así que si intentas mantener un cuerpo más sano, limita tu consumo en consecuencia.

Hágalo paso a paso mientras comienza a personalizar después de la tercera etapa.

Empiece por añadir a su dieta carne fresca de vacuno alimentado con hierba. A continuación, comience a añadir otras carnes de animales o mariscos, pero vaya con una carne a la vez. A continuación, puede empezar a introducir los huevos en su dieta, seguidos de los demás productos lácteos que sean necesarios. Pruebe lo que funciona y lo que no le funciona. Finalmente, si has conseguido cortar la adicción en la segunda etapa, también puedes empezar a tomar un poco de té o café.

Te da tiempo a notar cómo reacciona tu cuerpo a ese alimento en particular cuando introduces un solo alimento a la vez. Intenta limitar o restringir su consumo si observas algún efecto desfavorable. Por eso, cuando ven que provoca un poco de aumento de peso, muchas personas omiten la carne de cerdo. Si hay algún otro efecto nocivo, como las alergias alimentarias, también puedes eliminar la carne. Es posible que algunos productos lácteos te provoquen hinchazón. En este caso, los alimentos que inducen incluyen todo el jamón, el salami frío, las salchichas, etc. deben ser eliminados. También debe dejar de tomar café y té, ya que hubo tiempo suficiente para deshacerse de la adicción durante el período de adaptación; sin embargo, este segundo aspecto no es tan importante como renunciar a la carne procesada que no es buena para usted.

De manera más general, siga los puntos indicados a continuación como referencia, además de las etapas descritas anteriormente.

1.   Qué comer

En primer lugar, tienes que averiguar todo lo que puedes comer en esta dieta. Algo que no está en la lista de la dieta carnívora no debe ser consumido por lo menos durante el mes que se fijó la meta. Como ya sabes, sólo puedes comer alimentos de origen animal. Es una dieta 100% de carne. No hay espacio para los alimentos de origen vegetal o productos de proteína vegetal como la proteína de soja. Ciertos productos lácteos están raramente permitidos, como descubrirás más adelante en el libro, pero incluso esto puede ser omitido si lo deseas.

Una vez que te abastezcas de tu lista de alimentos centrados en la carne, deshazte de todos los alimentos procesados de tu cocina o invernadero. Tampoco debe haber alimentos de origen vegetal, por lo que puedes ofrecer la comida a tu amigo o incluso al refugio para indigentes más cercano. Recuerda que el azúcar, las salsas y otros condimentos tampoco deben estar presentes en tu dieta. Quítalo de tu vista, a menos que alguien en tu casa vaya a consumir todo esto. Esto evitará que vuelvas a caer en tus viejos hábitos.

2.   Cuánto comer

Cuando esté seguro de los alimentos permitidos en la dieta carnívora, podrá abastecerse de ellos y continuar. Es posible que en este punto le preocupe la cantidad de alimentos que se le permite comer o no. Bueno, lo bueno de esta dieta es que la cantidad de alimentos no está restringida. No debes comer demasiado, por supuesto, pero puedes comer hasta que estés satisfecho. No intentes matarte de hambre, sólo porque creas que te ayudará a perder peso. Come cuando tengas hambre porque es la forma en que el cuerpo te dice que necesitas más energía y alimentos. Cuando continúe con la dieta de la carne, debe aprender a distinguir el hambre real del hambre mental.

Durante este primer mes verá mejoras en su comportamiento alimentario. Su apetito y sus antojos se reducirán y serán reemplazados por un patrón de alimentación más saludable. Esto le ayudará a comer menos y a quemar grasa también. La cantidad de comida que necesita en un día se puede medir por la cantidad de ejercicio que hace. Come lo suficiente para mantenerte durante el día si tienes una vida más sedentaria, pero evita comer demasiado.

Incluso puede necesitar el doble de comida que una persona media si es una persona muy activa o practica deporte a diario. Por lo tanto, puedes saber por ti mismo la cantidad de comida que te gusta. Comerás menos en ciertos días que en otros porque no has estado realmente ocupado durante el día. Tienes que recordar y comer sólo cuando tengas hambre y comer hasta que te sientas satisfecho. No intentes comer menos y quedarte con hambre. Por el contrario, durante la comida, come hasta saciarte y evita comer entre medias. No intentes exigirte demasiado, aprende a escuchar a tu cuerpo. Te ayudará a entender cuándo necesitas comida y cuándo no. Lo ideal es que en un día puedas comer de 2 a 4 libras de carne.

3.   Cuándo comer

Lo siguiente que hay que tener en cuenta es a qué hora o cuándo comer. Lo ideal es hacer tres comidas al día. También hay que intentar establecer un horario para comer a la misma hora diariamente, ya que esto beneficiará aún más a la salud. El horario de cada persona dependerá de su agenda diaria. Intenta asegurarte de que tomas una comida saludable a base de proteínas por la mañana para equilibrar tus niveles de energía durante todo el día. Reserva tiempo para desayunar, sin importar lo ocupado que estés en la escuela. Lleva tu propio coche para evitar romper las limitaciones de tu dieta. Practica la comida bien hecha y no intentes hacer varias cosas a la vez y trabajar mientras comes. A la vuelta, unas horas antes de acostarte, puedes cenar. Si tienes sed, intenta beber agua y come un poco de comida si todavía tienes hambre. Pero recuerda que debes ceñirte siempre a los alimentos aprobados por la dieta.

4.   Qué beber

Preferiblemente, si usted está en la dieta carnívora, debe beber sólo agua. Evite beber cualquier otro líquido al menos durante este primer mes de la prueba. No compre bebidas de caja que digan que son bajas en grasa, azúcar o bebidas saludables. Sólo bebe agua, puede ser agua del grifo, de manantial, mineral o incluso filtrada, pero nada con saborizantes o azúcares añadidos. Si no puede renunciar a su bebida habitual de café o té, asegúrese de no aplicarle azúcar ni edulcorantes artificiales. Para la segunda y tercera fase de la dieta, tendrá que renunciar a algunos, pero muchos empezarán más tarde. En esta dieta, todos los refrescos, frutas, batidos de proteínas, etc. están fuera de los límites. Cualquiera que sea la dieta que usted haga, el agua es siempre la mejor manera de mantenerse hidratado. Esto ayuda a perder peso rápidamente y evita la hinchazón por la retención de agua.

5.   Cómo cocinar

En general, no hay pautas estrictas sobre cómo cocinar. Si te gusta el filete poco hecho, disfrútalo así, pero si está bien cocinado, también funciona. Cualquier carne o pescado que prepares, asegúrate de que está hecho de tal manera que la comida sea segura para comer. Algunos tipos de carne, si se dejan sin cocinar y se comen, pueden enfermar. Por otro lado, algunas formas también pueden comerse frescas. Por ejemplo, si quieres, puedes comer sushi de salmón crudo u ostras frescas. Además, como la mayor parte del tiempo comes comida; invierte en unos buenos cuchillos para cortar carne y una tabla destinada a este fin. Cuando quieras hacer ese tipo de cortes difíciles, los cuchillos para verduras son bastante difíciles de usar.

ERRORES COMUNES QUE DEBE EVITAR

Muchas personas que quieren perder peso consumen a veces demasiado poco, aunque la dieta no limite la cantidad de alimentos. Matarse de hambre no le hará perder peso de forma saludable, sino que le provocará enfermedades. Come lo suficiente para saciar tu hambre, y la propia dieta tiende a normalizar tu apetito con el tiempo. También hay que tener en cuenta que hay que mantenerse hidratado durante todo el día. Esto está pensado para evitar la fatiga y para ayudar a las funciones corporales saludables. No elimine la sal por completo de su dieta porque algunas personas pueden desarrollar síntomas de la gripe Keto. Recuerda; no intentes alterar tu propia dieta para añadir frutas o verduras sólo porque te han dicho que son seguras. Si quieres ver resultados reales de la dieta carnívora, tienes que asegurarte de seguirla correctamente. Otro error común, debido a razones como el colesterol, es omitir la carne grasa. Se recomienda una dieta para la carne grasa y proporcionará el colesterol bueno a su cuerpo. La dieta te funcionará bien siempre que evites este tipo de errores.

1.   Toma de apoyo

Si le resulta difícil seguir esta dieta o cualquier otra dieta, o la está siguiendo, busque apoyo. Intenta no pasar por ello tú solo. Todo el mundo sabe lo difícil que puede ser romper o crear nuevos patrones. En particular, el camino de la pérdida de peso puede ser muy frustrante. En esos momentos, busque una fuente de apoyo con la que se sienta cómodo, como la familia o los amigos. Si no es así, también hay muchos grupos de apoyo en línea que pueden beneficiarte. Haz lo que sea necesario para mantenerte sano y feliz. La mayoría de los sitios web de dietas carnívoras pueden ayudarte a conocer a otras personas como tú que pueden ayudarte.

2.   Decidir si es a largo o a corto plazo

Te preguntarás si la dieta a largo plazo es saludable para adoptarla. La dieta carnívora suele ser utilizada por las personas a corto plazo para ayudarles a perder peso; pero, si miras en foros y testimonios en línea, puedes encontrar que muchas personas han estado practicando la dieta durante años y han llevado una vida saludable. Siempre hay excepciones a la regla, y puede haber un problema con algunas condiciones de salud, así que contacta con un médico para averiguar si puedes seguir fácilmente esta dieta centrada en la carne durante más tiempo del previsto originalmente.

OPTIMIZACIÓN DE LA DIETA CARNÍVORA

Cualquier dieta para un individuo y para un propósito previsto puede ser personalizada. Si quieres perder peso mientras te pones sano, los siguientes consejos te ayudarán a optimizar la dieta para ti.

1.   Comer huevos

Intenta añadir huevos a tu dieta aunque sea una dieta exclusivamente cárnica. Los huevos están permitidos y son recomendables. Contienen muchos nutrientes de los que tu cuerpo se beneficiará. Cocine los huevos de varias maneras e intente añadirlos de vez en cuando a su dieta.

2.   Comer despojos

Normalmente, la mayoría de la gente pasa por alto los despojos y desaconseja su consumo; pero si afirmamos que son beneficiosos para la salud, créanos. Los despojos, como el hígado, son muy ricos en nutrientes vitales como el folato, la vitamina A, la colina, el hierro, etc. Comer el hígado de los animales es como alimentar el cuerpo con un multivitamínico saludable. También se puede consumir hígado de pescado, que es una buena fuente de vitamina D y B12.

3.   Más marisco

No comas sólo carne roja. La dieta basada en la carne contiene pescado que favorece la ingesta de salud. Los mariscos son una mejora de su dieta carnívora que es rica en nutrientes. Contienen muchos ácidos grasos de omega 3, hierro, cobre, manganeso y vitamina D. Los mariscos son una fuente rara de selenio que falta en la dieta de la mayoría de la gente. Los omega 3 del pescado benefician sobre todo a la salud del corazón. No hay restricciones sobre qué marisco debe o no debe comer, así que hágalo parte habitual de su dieta; sin embargo, al igual que la carne, debe comprar pescado recién capturado en la naturaleza, no los procedentes de piscifactorías. Lo más probable es que estos últimos hayan sido alimentados para crecer más rápido con aditivos u hormonas, y también llegarán a tu comida. Entendemos que algunas personas no tienen el pescado como parte de su dieta, por lo que le recomendamos que lo pruebe durante un tiempo comiendo diferentes variedades y estilos de cocción. Varios suplementos de aceite de pescado van a funcionar bien para aquellos que todavía prefieren no comer pescado. Tu objetivo final es comer tantos nutrientes como sea posible durante la dieta carnívora para optimizar tu salud.

4.   Ayuno intermitente

El ayuno intermitente en otra sección del libro se explica en detalle. Recomendamos encarecidamente que intente ver los mejores resultados junto con la dieta carnívora. El ayuno no es lo mismo que una dieta para pasar hambre y le ayudará de diferentes maneras. Esta técnica, junto con la dieta carnívora, hará más cambios en el cuerpo. La producción de su hormona de crecimiento aumentará a medida que el azúcar en la sangre y la insulina disminuyen. Las personas suelen optar por añadir el ayuno intermitente a su rutina, ya que ayunar el proceso de pérdida de peso es ideal. Ayudará a su sistema metabólico y mejorará su sistema inmunológico. Para saber más al respecto, lea la sección sobre el ayuno intermitente.

5. Alimentos vegetales con cero calorías

Las especias son una forma de alimentos de origen vegetal que no contienen calorías. Por lo tanto, cuando se trata de alimentos vegetales, se encuentran en la zona gris. Se pueden utilizar junto con las hierbas para mejorar el sabor de tu dieta basada en la carne. El valor nutricional que se añade a tu dieta son las hierbas y las especias. También se utilizan como aditivos herbales una variedad de hierbas como el romero.

6. Carne de buena calidad

Aunque la dieta se base en la carne, la calidad es importante. No será bueno para tu bienestar consumir cualquier producto cárnico al azar. Ayudará a tu propósito conseguir la mejor calidad de carne. La carne alimentada con hierba o la carne de pastoreo es mucho mejor que cualquier carne de animales de granja en la fábrica. Esta última tiene hormonas que se acumulan en la piel o moléculas que te afectan a largo plazo. En cuanto al marisco, la regla es la misma, que debe ser capturado fresco y no procedente de la pesca.

7. Caldo de huesos

Como hemos mencionado anteriormente, el caldo de huesos es uno de los tipos permitidos, además del agua, entre los líquidos. Añadir caldo de huesos a su dieta tiene varios beneficios. Es una excelente fuente de colágeno necesaria para la salud de la piel y los huesos.

Hazte un análisis de sangre antes de empezar a seguir la dieta carnívora. Hazlo después de adoptar la dieta durante unos días. Te ayudará a calcular el efecto en tu cuerpo. Hay que anotar los cambios en el peso, el nivel de energía e incluso las funciones digestivas. La primera semana de adaptación puede ser un poco difícil, ya que tu energía y tu apetito fluctúan mucho, y puede que también te resulte difícil concentrarte. Intente tomarse una semana de descanso en el trabajo o empezar una semana en la que haya menos carga de trabajo.

CÓMO MANTENER EL RUMBO DE LA DIETA CARNÍVORA

Aquí tienes algunos consejos que te ayudarán a seguir la dieta carnívora. Sabemos lo difícil que puede ser poner restricciones a la comida y al estilo de vida habitual. Por eso, para algunas personas puede ser demasiado seguir el camino, y acaban fracasando en la consecución de sus objetivos. En algún momento, es posible que tengas ganas de abandonar o simplemente de perder la concentración. Por eso, en tu camino, las siguientes técnicas deberían ayudarte.

Visualice

La visualización puede ser una estrategia mental muy eficaz. Visualízalo si quieres ver algunos cambios positivos en ti mismo y en tu vida. Tienes que imaginar que abandonas tus hábitos dietéticos poco saludables y que te planteas la dieta carnívora con éxito. Imagina cómo quieres verte y sentirte dentro de uno o dos años. Esta imagen te ayudará a mantenerte inspirado antes de conseguirlo. Incluso puedes imaginarte con un vestido que ahora mismo no te queda bien, pero que se ve increíble en un futuro próximo.

Sea realista

Las expectativas deben ser siempre alcanzables y realistas. Cuando te pones expectativas poco realistas, te expones a la decepción y la frustración. En lugar de un objetivo realista para cada mes si quieres perder peso. Unos cuantos kilos al mes es un objetivo saludable y alcanzable. Sin embargo, si en unos meses crees que vas a perder 5 kilos, probablemente sea poco realista. Es más fácil conseguir objetivos manejables y de forma saludable.

Objetivos a corto plazo

Muchas personas no se dan cuenta de que los objetivos a corto plazo son importantes. No se trata sólo de un plan a largo plazo o de un resultado final. Unos pequeños pasos a la vez te ayudarán a progresar en tu viaje. Puede ser cualquier cosa, como una pequeña adicción que en ese mes quieras dejar. Al final, puedes dejar cualquier mal hábito uno a uno y conseguir la salud óptima que deseas. Puedes intentar centrarte en comer a tiempo en un mes, y puedes empezar a añadir el ejercicio a tu rutina diaria al mes siguiente. Todo esto es una forma de fortalecerse a largo plazo.

CAPÍTULO 3

AYUNO INTERMITENTE

También debes intentar implementar el ayuno intermitente en tu rutina si quieres perder peso adoptando la dieta carnívora. El ayuno es una práctica que se lleva a cabo en diferentes culturas de todo el mundo desde la antigüedad. Sin embargo, no hay que confundir el ayuno con pasar hambre. El ayuno intermitente no funciona como una dieta de moda que te pide que te des un atracón y bajes dos kilos durante una semana. Esto último es una práctica totalmente irracional que afectará negativamente a su salud. Por el contrario, el ayuno intermitente es beneficioso para su salud y es un cambio prescrito en su dieta para ayudar en el ciclo de pérdida de peso.

El ayuno intermitente es una forma rara y eficaz de aumentar el peso y las ventajas para la salud de la dieta carnívora. El protocolo es muy sencillo, pero es cierto que no puede ser seguido por todo el mundo. Sin embargo, es probable que los beneficios le inciten a intentarlo al menos; no obstante, creemos que debería hacerlo sólo después del primer mes, aproximadamente, en que se inicia la dieta carnívora. La fase inicial ya supondrá un cambio drástico al que deberás adaptarte. Si tratas de manipular la dieta en esta fase inicial, te resultará mucho más complicado. Así que prueba con el ayuno intermitente una vez superada esta fase.

En primer lugar, hay que entender qué es el ayuno intermitente. Es una estrategia en la que se adopta una dieta con tiempos intermedios en los que no se permite la alimentación. Puede ser un período sin alimentos de entre 15 y 24 horas al día. Pero en un momento dado se permite ayunar más de un día. En eso se diferencia de una dieta de hambre o de una dieta de moda poco saludable. Simplemente se te enseña a restringirte de comer y a hacer un ayuno cada varios días en una semana durante un periodo. En este momento puede sonar difícil, especialmente si nunca has ayunado antes, pero no lo es. La mayoría de las personas han probado el ayuno intermitente para perder peso y por sus diferentes beneficios para la salud. Lo encontraron exitoso, y lo recomendamos para ayudarte más efectivamente junto con la dieta carnívora. Puedes perder peso mucho más rápido, mejorar tu metabolismo, ganar músculo y mantener un peso saludable.

El ayuno intermitente es un plan flexible que puede adaptarse a la salud y a las necesidades del individuo. Puede variar de una persona a otra, de modo que, según su capacidad, puede aplicar un plan de ayuno. Mientras que la dieta carnívora se centra más en lo que se come, el ayuno intermitente le ayuda a controlar la cantidad de alimentos que ingiere. Esto le permite ejercer un control tanto sobre la calidad como sobre la cantidad de alimentos. La mayoría de nosotros tiene el hábito poco saludable de comer a destiempo, tras saltarse las comidas a tiempo y comer demasiado. El plan de ayuno intermitente ayuda en este sentido a ejercer más disciplina. Para aquellos que tienen el mal hábito de ceder a los antojos o comer en exceso, puede ser muy beneficioso. Naturalmente, comerá menos si tiene limitadas las horas de alimentación en su horario, por lo que verá los resultados más rápidamente que adoptando la dieta carnívora.

Puede elegir un método diferente de ayuno intermitente en función del tipo de estilo de vida que lleve. Tener una dieta que se adapte a ti personalmente te ayudará a mantenerla. Muchas personas no son conscientes de la importancia de prestar atención a sus necesidades individuales. No puedes esperar que siempre te funcione la misma estrategia que a otra persona. Por eso le animamos a elegir entre diferentes tipos de ayuno intermitente. De hecho, en algunos de ellos, aunque en cantidades limitadas, se permite incluso comer.

1.   Método Lean Gain

Una de las estrategias de ayuno intermitente
es la dieta para ganar peso. Se le permite
comer durante 8 horas al día en esta forma,
mientras que el resto de las 16 horas debe ser
un tiempo de ayuno. No hay ninguna regla de
tiempo en el día para que pueda adaptarlo al
horario. Basta con comer algo en el periodo de
ayuno para asegurarse. También es posible
ajustar su comida en consecuencia. Añadirás
más grasa a la dieta si haces mucho ejercicio
en un día determinado. Elige más alimentos
en un día sedentario y reduce la grasa. Esto te
ayuda a mantener el equilibrio saludable.

2.   Método semanal

En este tipo de ayuno intermitente sólo hay que ayunar un día a la semana. Significa un ritmo de 24 horas en una semana de siete días. El resto de los seis días será el plan habitual de la dieta carnívora. Una vez más, no hay tiempos especificados. Si quieres, puedes empezar por la mañana o incluso después de comer. Sólo asegúrese de hacer un ayuno de 24 horas a partir de ese momento. Esta es una de las formas más sencillas de adoptar, por lo que los principiantes deberían comprobarlo. Este ayuno de un día sirve de catalizador para una mejora positiva de su dieta.

3.   Método del día alterno

Esta es otra forma de ayuno intermitente, pero no le permite retener absolutamente la comida en ningún momento. En cambio, debe comer normalmente un día, mientras que al día siguiente debe comer mínimamente. Este proceso debe continuar como cada día alterno de alimentación mínima. Debe planificar comer menos de lo que suele comer en estos días. No debe centrarse en llenar su plato como lo hace normalmente y comer un poco más. No intente comer en exceso al día siguiente para compensar su día de menos comida.

4. Método Guerrero

El método del guerrero es sencillo y muy popular. Tienes que ayunar durante unas 20 horas al día con 4 horas disponibles para comer lo que quieras en este tipo de ayuno intermitente. No se desanime por la noción del período de ayuno de 20 horas porque el método del guerrero le ayuda a comer un poco incluso en esas horas, pero muy mínimamente. Además, se aconseja alimentarse más por la noche que por el día.

Cuando te resulte difícil todo este tipo de ayunos, simplemente intenta practicar un poco de ayuno de vez en cuando. El primer día, puede empezar restringiendo la comida durante un periodo de 15 horas. Comienza la mañana con tu ayuno y toma una comida y duerme cuando rompas el ayuno. Así no te vas a dormir con hambre y te resultará más fácil. Si te resulta difícil, deberías hacer esto una vez a la semana. Luego, después de dos días de alimentación normal, puedes volver a intentarlo. De esta manera, puedes intentar unos tres días de ayuno intermitente en una semana más tarde; sin embargo, asegúrate de no ayunar continuamente durante dos días seguidos o más de 3-4 días en una semana.

Puede que le resulte difícil probar los primeros días de ayuno intermitente. Hay un período de transición que durará un par de días. Dése la oportunidad de pasar por esta fase inicial y le resultará mucho más fácil. Sé suave contigo mismo y no intentes imponer inmediatamente restricciones estrictas. La dieta carnívora ya está transformando el cuerpo, por lo que provocará un estrés excesivo. Recuerda; no intentes utilizar esto como una razón para pasar hambre si crees que te hará adelgazar rápidamente. No proporcionar una alimentación adecuada a tu cuerpo sólo te perjudicará. En su lugar, sigue tu dieta carnívora de vez en cuando con un plan saludable de ayuno intermitente.

CONSEJOS PARA AYUDAR EN EL AYUNO INTERMITENTE:

- Come suficiente carne en el menú carnívoro si no es un día de ayuno. No comas demasiado para compensar el ayuno, pero tampoco comas demasiado poco. Si practicas el ayuno, sólo lo harás más difícil.

- Intenta beber un poco de té verde si te sientes hambriento en un periodo sin comida. Esto le ayudará a frenar las punzadas de hambre. No le añadas ningún edulcorante. Beber café negro también va a impulsar el cuerpo.

- Intenta estar hidratado tanto si es un día de ayuno como si no. De hecho, la fatiga en un día de ayuno puede ser muy perjudicial para la salud. Manténgase en contacto con algo de agua en todo momento. Incluso puedes añadir algunos electrolitos si sientes náuseas o debilidad.

• Coma formas saludables de grasa dietética carnívora como se recomienda. La mantequilla o los huevos no son tus enemigos, y vas a beneficiarte de ellos.

BENEFICIOS DEL AYUNO INTERMITENTE

1. Pérdida de peso

Por lo general, el objetivo principal de probar el ayuno intermitente es ayudar a perder peso. Afortunadamente, cumple el propósito y no es en absoluto una pérdida de esfuerzo. Reduce la ingesta de alimentos, lo que a su vez significa que se consumen menos calorías; sin embargo, si se intenta compensar un día de ayuno comiendo en exceso los demás días, esto no se cumplirá. También mejora el funcionamiento hormonal, lo que facilita la pérdida de peso. Dado que los niveles de insulina disminuyen con el aumento de la noradrenalina y la hormona del crecimiento, las moléculas de grasa siguen descomponiéndose. El consumo de calorías se reduce mientras se optimiza la actividad metabólica. Una de las mejores partes es que ayuda particularmente a perder peso del vientre que de otra manera puede ser difícil.

2.   Se reduce la resistencia a la insulina

El ayuno intermitente con dieta carnívora puede ayudar a las personas con riesgo de padecer diabetes de tipo 2 o que la padecen. Si una persona tiene diabetes de tipo 2, su nivel de azúcar en sangre es elevado y la sensibilidad de su cuerpo a la insulina disminuye. Esto puede ser muy perjudicial para la salud y causar enfermedades adicionales. Se sabe que el ayuno intermitente ayuda a reducir los niveles de azúcar en sangre y la resistencia a la insulina.

3. Reducción de la inflamación

Si su cuerpo sufre mucho estrés oxidativo, el ritmo de envejecimiento aumentará y también el riesgo de padecer múltiples dolencias crónicas. Este estrés oxidativo está causado por la interacción de moléculas inestables con moléculas estables de proteínas o de ADN. Esto daña las moléculas buenas y perjudica al organismo. Incluir el ayuno intermitente le ayudará a mejorar la resistencia de su cuerpo a estas condiciones.

4.   Mejora del estado del corazón

En las últimas décadas, el índice de enfermedades cardíacas ha aumentado de forma alarmante. Una de las principales causas es la mala alimentación. La presión arterial alta, el colesterol bajo, los niveles altos de triglicéridos y el azúcar alto en la sangre aumentan el riesgo de enfermedades del corazón; sin embargo, el ayuno intermitente ayuda a reducir el riesgo asociado a todos ellos, mejorando así la salud del corazón.

5.   Funcionamiento de las células

Los alimentos desempeñan en tu cuerpo muchas funciones diferentes. Si durante un periodo determinado no comes lo suficiente, esto hará que las células del cuerpo comiencen a repararse o regenerarse. Los niveles hormonales de tu cuerpo cambiarán, y también trabajarán para que tu cuerpo queme grasa para obtener energía. El nivel de descenso de la insulina también hace que el ciclo de quemar grasa sea más suave. En cambio, la hormona del crecimiento también aumentará en el cuerpo. Se verá un cambio positivo en la composición de los genes y las moléculas que apoyan una larga vida saludable. Esto fortalecerá también el sistema inmunológico. Las células también comienzan a eliminar los residuos durante el proceso de ayuno. En un proceso conocido como autofagia, las células y proteínas disfuncionales se descomponen. Cuando la autofagia aumenta, se sabe que se reduce el riesgo de enfermedades como el cáncer y el Alzheimer. Esto permite eliminar el exceso de acumulación en las células.

CAPÍTULO 4

¿QUIÉN DEBE SEGUIR LA DIETA CARNÍVORA?

Es posible que te preguntes si esta dieta centrada en la carne es adecuada para ti. Con algunas excepciones a la regla, le recomendamos que la pruebe. En este capítulo encontrará más información sobre quiénes saldrán ganando con esta dieta y quiénes no deben adoptarla. Antes de entrar en la dieta y cortar todos los demás elementos, puede consultar a un médico o dietista para comprobar su salud y su historial médico y averiguar qué es lo mejor para usted. Cada persona puede tener un plan optimizado que se adapte a sus necesidades particulares.

Para quienes padecen ciertas intolerancias alimentarias, la dieta carnívora suele recomendarse con más frecuencia. La dieta se prescribe a estos pacientes a corto plazo para ayudarles a descubrir qué sustancias empeoran realmente su enfermedad. Puede introducir nuevos alimentos en su dieta poco a poco y seguir comprobando qué tiene un impacto negativo en su salud. De este modo, la mayoría de las personas han encontrado útil la dieta. Muchas personas sufren de intolerancia alimentaria y encuentran la dieta carnívora útil para eliminar los síntomas negativos asociados.

La intolerancia es una reacción negativa que se produce cuando el individuo come un alimento específico o incluso un grupo de alimentos. El trigo o los productos lácteos son algunas de las intolerancias alimentarias más comunes. Esto significa que en alimentos como el trigo o la lactosa, estos individuos se vuelven intolerantes a una sustancia. Por lo tanto, al eliminar estos alimentos, pueden eliminar los efectos. Otros ingredientes que podrían causar un problema son la lectina o el ácido fítico, y se encuentran comúnmente en los alimentos vegetales. Estos ingredientes pueden causar problemas de digestión; sin embargo, no están incluidos en la dieta carnívora, por lo que puede distinguir qué alimentos causan el problema, excepto la carne que consume. Del mismo modo, debes eliminar cualquier alimento potencialmente aversivo y luego reintroducirlo lentamente, de uno en uno. Aprenderás qué debes eliminar de la dieta cuando observes la reacción que tiene el cuerpo ante ese alimento.

Puede que quieras probar la dieta carnívora si tienes la presión arterial alta. Le enviaré un relato antiguo sobre los hechos de que esta dieta tiende a mantener mejores niveles de presión arterial. Como le dije antes, el pueblo inuit de Groenlandia seguía originalmente una dieta carnívora. Comían mucha carne y pescado y muy pocas verduras y frutas. Su dieta era bastante rica en grasa animal, pero algunas de estas familias quisieron emigrar a Dinamarca a finales del siglo XX. Al trasladarse, adoptaron una dieta danesa más convencional, compuesta por más alimentos vegetales y productos lácteos. Las investigaciones realizadas demostraron que este cambio en su dieta aumentaba en realidad su presión arterial en más de diez puntos en comparación con la anterior. Sin embargo, la investigación reveló que la minimización de la carne no mejoraba realmente su presión arterial, sino que la elevaba a un nivel poco saludable. Las investigaciones han demostrado que, incluso entre los masáis de África, sólo el 1% de los hombres que seguían la dieta de la carne sufrían de hipertensión. Durante su carrera, casi ninguno de ellos tuvo complicaciones, y los niveles de presión arterial sólo aumentaron ligeramente cuando tenían 60 años. Por ello, le aconsejamos que intente comer así como elevar los niveles de presión arterial en la antigua tribu inuit o masái.

La dieta carnívora también puede ser muy beneficiosa para quienes padecen diabetes o tienen un sobrepeso poco saludable. En realidad, la obesidad es una enfermedad muy moderna. Si miramos atrás en la historia, apenas se hablaba de que nuestros antepasados tuvieran sobrepeso. La dieta moderna es la principal causa de esta enfermedad relacionada con el peso y el impacto negativo que la industria alimentaria ha tenido en ella. Busque al pueblo Masai o Samburu. Entre estos pueblos, la obesidad ni siquiera existía cuando seguían la dieta exclusivamente cárnica.

Todos estos individuos tenían un buen peso corporal, y a lo largo de su vida, éste era estable. Se podría decir que se puede ver a los esquimales comiendo la dieta exclusivamente de carne y que parecen gordos, pero eso no es real. Nuestros rasgos están equilibrados a pesar de la peculiaridad de nuestra raza. No tiene nada que ver con el sobrepeso o la corpulencia. Debido a su ropa de abrigo hinchada, parecen un poco más frescos para proteger sus cuerpos del frío. Sin estas engorrosas prendas, cuando los veas, te garantizamos que no hay incómodos pliegues en el estómago ni barrigas abultadas. Estas personas no tienen derecho a tener sobrepeso, porque por la propia dieta que adoptan, están más sanas.

Tendríamos sobrepeso tan rápido como cualquier otra persona si se trasladara a una ciudad con acceso a la comida moderna. A pesar de estos ejemplos, se puede entender por qué prescribimos la dieta carnívora a las personas que padecen diabetes. Para las personas con sobrepeso puede ser desalentador seguir ciertas dietas estrictas que les permitan pesar rutinariamente sus comidas o contar sus calorías. A menudo les deja hambrientos y frustrados. Esencialmente, la dieta suele ser demasiado difícil de seguir para la mayoría de las personas; sin embargo, la dieta carnívora hace que sea mucho más suave y más fácil de seguir a largo plazo. También se permite a la persona comer todo lo que necesite para satisfacer su hambre, pero aún así ayuda a perder muchas de las grasas no saludables del cuerpo. Así que al menos prueba la dieta carnívora durante unos meses si quieres perder peso.

La dieta carnívora también ayuda a quienes tienen un mayor riesgo de padecer enfermedades cardíacas. Como mencionamos en un párrafo anterior, un informe sobre los habitantes de Point Hope, en Alaska, demostró este beneficio particular de la dieta. La insana dieta moderna dejó a los habitantes de esa región en gran medida intacta y siguieron la dieta de carne o pescado de los esquimales. El estudio demostró que la incidencia de problemas cardiovasculares era casi diez veces menor en comparación con la población del resto de lugares de EE.UU. Con una media de 85 mg/dL, sus niveles de triglicéridos también eran mucho más saludables, mientras que el resto superaba los 100 mg/dL de media. Si sus antecedentes familiares o su salud personal le hacen correr un mayor riesgo de sufrir una enfermedad cardíaca, siguiendo esta dieta centrada en la carne, puede intentar reducir las posibilidades.

¿QUIÉN NO DEBERÍA PROBARLO?

En primer lugar, para las personas que sufren trastornos alimentarios, no recomendamos la dieta carnívora ni ninguna otra dieta estricta. Si has padecido anorexia, bulimia o alguno de estos trastornos, trabaja con un médico para conseguir una dieta saludable que te ayude a recuperarte. Tu salud personal, no tu peso, debe ser tu prioridad. Hay que esforzarse más para inculcar la positividad en el cuerpo. Avanza hasta que el médico te diga que estás en una fase segura y puedas probar tu dieta. Pero sin una consulta adecuada, no lo intentes.

Sin embargo, la dieta carnívora no es adecuada para las personas con enfermedades renales graves. Si ya tiene un problema grave de riñón u otro órgano, su médico le guiará con la mejor dieta posible. En realidad, la dieta puede ayudar a mejorar el funcionamiento de quienes tienen una función renal sana, ya que ayuda a eliminar el exceso de glucosa y a mejorar la sensibilidad a la insulina.

Los atletas y deportistas también pueden preguntarse si se debe practicar la dieta carnívora. No hay estudios adecuados que puedan dictaminar esto con exactitud. Hay muchos adeptos a la dieta carnívora que dicen que su fuerza alimenticia ha aumentado. Sin embargo, el cuerpo tarda en acostumbrarse al uso energético de la carne. Por lo general, la dieta no se recomienda para los atletas porque requieren constantemente una gran cantidad de energía. Una dieta baja en carbohidratos, como la dieta cetogénica, puede modificarse para satisfacer sus necesidades, pero la dieta carnívora es mucho más estricta y puede no ser apropiada.

Si se pregunta si la dieta es saludable para adoptarla, responderemos afirmativamente en relación con cualquier otra dieta en las mismas condiciones. Algunas personas tienen una mejor reacción a ciertas dietas, mientras que otras tienen una reacción diferente. Se ha demostrado que es segura y eficaz para la mayoría de las personas que la han probado. Sabe que la principal causa de las enfermedades cardíacas elevadas no es la grasa animal, sino el azúcar, por lo que tampoco debería pensar en este factor; sin embargo, no se han realizado pruebas a largo plazo sobre esta dieta, y no encontrará ninguna prueba definitiva que demuestre que es segura o insalubre.

CAPÍTULO 5

POR QUÉ SE ELIMINAN LAS PLANTAS EN LA DIETA CARNÍVORA

Es posible que le preocupe la lógica de eliminar de su dieta todos los alimentos vegetales. Ya has escuchado durante años que tu alternativa más saludable es una dieta basada en plantas y también la mejor apuesta para perder peso. La creencia común es que cuantas más frutas y verduras consumas, mejor estarás; pero ¿eres consciente de que casi todos los alimentos procesados que consumes son de origen vegetal? Cuando decimos esto, créenos porque es real. ¿Sigues pensando que todas las dietas que dependen de las plantas son saludables? No pasamos por alto el hecho de que para algunas personas, una dieta basada en plantas funciona bastante bien, pero para otras, no es así.

Cada ser humano tiene una composición genética, un sistema inmunitario y un esquema de microbioma diferentes que son únicos. La biología básica es la misma, por lo que todo el mundo cree que lo que le ocurre a una persona debería funcionar también para la otra; sin embargo, la estructura bioquímica es totalmente diferente y no es la misma que la anatomía básica. Los alimentos vegetales que comes pueden ser la causa de la inflamación de tu cuerpo, de los problemas digestivos e incluso del desequilibrio hormonal. Si sufres problemas metabólicos o un intestino permeable, esto también puede deberse a los llamados alimentos "buenos" de origen vegetal. Por lo tanto, hacer una afirmación genérica de que los alimentos vegetales son saludables para todo el mundo no es aceptable. Tal generalización para las personas que realmente se ven afectadas negativamente por los compuestos vegetales puede ser engañosa e incluso perjudicial.

Hay un montón de dietas que la gente adopta al azar sin una investigación adecuada. La mayoría de ellas recomiendan la eliminación de las grasas o los carbohidratos y piden que se coman tantas frutas o verduras como sea posible. Uno de estos tipos de dietas de moda es la limpieza, que se realiza tomando sólo batidos verdes. No debes comer alimentos sólidos y mezclar todos los ingredientes ecológicos en un batido como complemento de tu cena. A pesar de esta dieta, hubo un ejemplo de una mujer publicado en una popular revista médica estadounidense. Gracias a esta dieta, esta mujer acabó desarrollando una insuficiencia renal aguda. No estamos tratando de demostrar la existencia negativa de las verduras verdes. Ni siquiera hay que dejar de tomar batidos verdes, pero la cuestión es que, aunque esa dieta puede haber sido útil para la persona que se la recomendó a esa mujer, ha tenido un impacto muy negativo en su vida. Todos los alimentos pueden tener un efecto inverso en el cuerpo de una persona aunque tengan un efecto positivo en otra.

En estas situaciones, puede ser difícil identificar exactamente qué es lo que provoca un síntoma desagradable en el organismo. Si usted come una variedad de alimentos en su dieta, el agravante particular es difícil de identificar. Podría ser sólo un tipo de verdura en particular la que le resulte tóxica. Mucha gente ha utilizado la dieta carnívora como ayuda para definirlos. No sólo ayuda a encontrar el causante, sino que también ha ayudado a remediar los problemas de salud con una dieta exclusivamente cárnica. La dieta carnívora también ha permitido un sistema más estable para mantener el equilibrio hormonal. Por eso intentamos explicar por qué se va a beneficiar de toda la comida y por qué los cultivos no son siempre perfectos como son.

La mayoría de los vegetarianos siempre tienen razones para racionalizar por qué deciden no comer carne y por qué otras personas deberían hacer lo mismo. Otro de estos argumentos es que comer carne es una forma de crueldad animal, que también se refiere al uso de todos los elementos relacionados con los animales. Es una violación de ese derecho que tienen todos los seres vivos por igual a vivir y matarlos para alimentarse. Todos decimos que si todo el mundo dejara de comer carne, todos los animales vivirían en paz y bien y eso haría del mundo un lugar mejor; pero, si se utiliza la afirmación de criaturas vivas, hay que recordar que todas las plantas

también son criaturas vivas. ¿Por qué los humanos tienen más derechos que las plantas a vivir? De hecho, las plantas deberían ser perdonadas porque no pueden defenderse de ninguna manera. Por otro lado, los animales tienen sus propias formas de defenderse de otros depredadores, así como de los seres humanos. Sólo cuando las consumen, las plantas pueden defenderse. Es entonces cuando las sustancias interactúan con su piel, causando inflamación, trastornos autoinmunes, malestar y algunas pueden también causar la muerte. Todos sabemos que cuando se ingieren, hay ciertos tipos de plantas que pueden ser tóxicas.

Las plantas pueden producir una serie de antinutrientes o toxinas que dañan la piel. La mayoría de la gente ignora totalmente este aspecto negativo y se concentra sólo en la cantidad de nutrientes que tiene una planta o en sus beneficios. Te sorprendería saber que entre las plantas que causan inflamación se encuentran algunas muy consumidas, como los tomates, las cebollas, las berenjenas e incluso las bayas de goji. Las semillas se consideran un superalimento, pero suelen contener un antinutriente, el ácido fítico. Este ácido fítico suele estar presente en los cereales y las legumbres. Afecta a la absorción por parte del organismo de minerales como el zinc, el hierro y el calcio. Las verduras de hoja verde también son ampliamente recomendadas como superalimentos en una dieta saludable, pero contienen oxalatos que no pueden ser absorbidos por algunos organismos. Pueden ser una fuente de estrés oxidativo y dolor crónico si el oxalato no se digiere. La lectina de los cereales y las leguminosas también puede ser una causa de problemas de salud. Este componente induce problemas digestivos permeables, afecciones autoinmunes y también aumenta la

inflamación. La lectina también afecta a la función microbiana del organismo.

La mayoría de los insecticidas, venenos, etc. se utilizan para ayudar en el ciclo mientras se cultivan. Estos compuestos incluyen salicilatos que se acumulan con el tiempo en el cuerpo humano. El alto nivel de este compuesto en la piel provoca úlceras y acúfenos. Normalmente, los principales alimentos vegetales que aumentan los salicilatos en nuestro organismo son las uvas, los aguacates, la miel, las bayas, los frutos secos e incluso las especias. ¿Comes muchas verduras crucíferas como el brócoli, la col o la col rizada? Son un componente común en las dietas para perder peso, pero incluyen goitrógenos que pueden ser muy peligrosos para el nivel de hormonas tiroideas de tu cuerpo.

Como puede ver, varios aditivos nocivos causarán estragos en su cuerpo en diferentes plantas. Muchos de ellos pueden causar graves problemas de salud y, obviamente, no son saludables para ti, aunque lo sean para otra persona. No presuma que todas las plantas son malas para todos y que deben ser excluidas permanentemente de su dieta; sin embargo, debe tener en cuenta que todo tiene su lado bueno y su lado malo. No dé por sentado que el consumo de muchas plantas en su dieta le garantizará buena salud y longevidad. Puede serlo para algunos y no para otros. Es probable que toda esta información elimine cualquier reserva sobre el seguimiento de la dieta carnívora en este momento. Puedes entender los beneficios de eliminar las verduras de tu dieta y cambiar a una dieta exclusivamente cárnica al menos a corto plazo. Seguirla a largo plazo dependerá del impacto de tu cuerpo y de tu elección personal.

MITOS SOBRE LA CARNE

En los últimos años se ha estigmatizado mucho a la carne. La mayoría de los nutricionistas recomiendan a la gente que deje de comer carne o la elimine de su dieta. En su lugar, deberían sustituir la carne poco saludable por verduras y frutas sanas; pero, ¿sigue pensando que debería hacerlo? Ahora tienes una buena idea de por qué se prescribe una dieta de todos los alimentos y por qué se omiten las verduras en el menú. En este capítulo debemos explicar algunas de las preguntas que puedes tener sobre la adopción de una dieta centrada en la carne. La mayor parte de lo que has oído es un mito y no tiene ninguna base científica.

1.   La carne no es saludable

Usted también se encuentra entre las personas a las que se les dijo que dejaran de comer carne y consumieran alimentos vegetales. Se sabe que la carne es tóxica y fuente de muchos problemas de salud; sin embargo, esto no es cierto. La carne es un alimento realmente saludable y tiene muchas ventajas para el organismo. Por ello, hay muchos malentendidos en relación con el consumo de carne. Cada vez más personas han empezado a adoptar una dieta vegetariana o vegana, ya que se ha dicho que una dieta basada en plantas es capaz de satisfacer todas las necesidades nutricionales de su cuerpo, y la carne no. Cuando se investiga la historia de nuestros antepasados, se puede descubrir fácilmente que durante mucho tiempo la carne ha sido el componente principal de la dieta humana. Sólo cuando se empezó a cultivar, hace unos diez mil años, se introdujeron los cereales y las legumbres en la dieta humana. El ser humano vivió de la carne durante millones de años antes de esta era agrícola. ¿No significa esto que una dieta basada en la carne está mucho más acostumbrada al cuerpo humano? A medida que la dieta moderna seguía centrándose en los productos agrícolas, la prevalencia de problemas de salud como la diabetes, la obesidad, las enfermedades cardiovasculares e incluso la osteoporosis se ha generalizado. Muchas personas sufrían problemas de piel e inflamación. Todo esto apenas se registraba antes de que se produjera el cambio de dieta. Si se comparan las cifras de nutrición de estas dos épocas con las de los alimentos, parece claro que una dieta basada en la carne es más segura. Los genes humanos se desarrollaron y evolucionaron en la época anterior, y sólo el 0,02% de ellos ha cambiado desde entonces. Por eso, el cuerpo humano está aún más adaptado para funcionar de forma óptima con una dieta basada en la carne como principal fuente de alimentación. ¿Se puede seguir etiquetando la carne insalubre?

2.   Los humanos no están hechos para comer carne

Otro mito común es que los humanos no estaban destinados originalmente a comer carne en absoluto; pero, una vez que se observa la piel, se puede comprender que estaba destinada a ayudar en ese ciclo. En su dentición, los molares e incisivos sirven para cortar y triturar la carne. Si no tuviéramos que comer ningún alimento, nuestro sistema digestivo tampoco sería capaz de digerirlo. Más bien se parecería a los animales herbívoros que comen hierba, como las vacas. Sin embargo, sabemos que nuestro sistema digestivo es mucho más complejo que el de un

cerdo. Si no tuviéramos que comer alimentos, nuestros padres habrían estado crónicamente enfermos y apenas habrían sobrevivido, pero eso tampoco es cierto. De hecho, apenas sufrieron la mitad de las dolencias que debe tratar la generación actual. Lo más probable es que, según esta dieta basada en la agricultura, la gente no debía comer, lo que provocó un aumento de las enfermedades y los problemas de salud.

3.   La carne provoca hipertensión arterial

La comida es criticada por aumentar los niveles de presión arterial en el cuerpo por alguna razón; sin embargo, el hecho es que la comida tiende a regular los niveles de azúcar en la sangre. Para controlar enfermedades como la diabetes de tipo 2, es necesario mantener un índice estable. Un aporte adicional de proteínas en la dieta también ayudará a estabilizar el nivel de energía durante todo el día y a evitar las caídas de azúcar que se producen en una dieta rica en carbohidratos.

4.   La carne no aporta vitaminas ni proteínas

La mayoría de la gente dice que puedes permitirte eliminar la carne de tu dieta porque realmente no proporciona al cuerpo ningún nutriente o proteína esencial como lo hacen las plantas. La carne es, de hecho, una fuente ideal de buenas proteínas. Ningún suplemento te ayudará de la forma en que la carne puede hacer crecer o regenerar tus músculos. También es una gran fuente de minerales de hierro y zinc. La carne también aportará al organismo vitaminas como la niacina y la tiamina, que favorecen una buena nutrición.

Todo esto ayuda a mejorar tus niveles de energía, así como a la reparación muscular. La salud de tus neurotransmisores también se mantiene gracias a las proteínas de la carne con la ayuda de los aminoácidos. Si elimina la carne de su dieta, habrá una deficiencia en estos aminoácidos esenciales que el cuerpo no puede producir internamente y debe ser ingerido de fuentes como la carne. Si hay un desequilibrio en los aminoácidos, también aumentarán problemas como la ansiedad y la depresión. Una dieta centrada en la carne ayuda a reducir estos síntomas y, junto con la salud física, mantiene una mejor salud mental.

Está claro que en el mundo de la nutrición, la carne tiene una mala fama injusta. Sin ninguna base científica, a lo largo de los años se han desarrollado más y más dietas. Cada una de ellas amenaza con criminalizar un determinado tipo de alimento para promover sus propios beneficios; sin embargo, la mayoría de estos argumentos son totalmente inútiles y, en cambio, perjudican al organismo. Puedes ver que todos los mitos relacionados con la carne son malentendidos. Por cualquiera de estos mitos, no deberías resistirte a seguir la dieta carnívora.

¿EN QUÉ LE BENEFICIA UNA DIETA RICA EN GRASAS?

Habrás notado que la dieta carnívora promete ayudarte a perder peso, pero también promueve un alto consumo de grasas. Esto puede parecer un sistema confuso porque siempre se culpa a las grasas de la obesidad o del aumento excesivo de peso o de cualquier enfermedad relacionada; sin embargo, la dieta carnívora, así como la dieta cetogénica, están trabajando para refutar la teoría. No es necesario que elimines todos los alimentos de tu dieta para perder peso o estar más seguro.

Para su nutrición, los azúcares son mucho peores que las grasas. En esta sección, te ayudaremos a entender por qué estamos a favor de una dieta centrada en la carne y rica en grasas.

La historia demuestra que con la ayuda de una dieta sin carbohidratos, nuestros antepasados evolucionaron. Eran cazadores y recolectores, y solían comer carne para alimentarse. Su dieta consistía únicamente en alimentos de fácil acceso. La carne de animales o de pescado era lo más fácil, ya que los cazaban. Incluso se recogían otras cosas para consumir cuando no había suficiente carne, pero era raro. En cualquier caso, su cocina no era almidonada como los alimentos que componen la dieta moderna. ¿Pensarías que comían espaguetis o pan horneado? Hasta la revolución agrícola, sólo los vegetales no estaban incluidos en la dieta. Nuestra dieta ha cambiado drásticamente en los últimos cien años, y sospechamos que nuestra genética ha sido capaz de adaptarse a esta transición. El cuerpo está más en sintonía con la alimentación de una época durante miles de años. Por eso, los alimentos procesados de la revolución industrial no son una dieta saludable.

Cuando empezaron a surgir todas las fábricas, la industria alimentaria recibió mucha publicidad. Ahora se pueden ver cientos de fábricas de alimentos con miles de productos. Puede parecer que somos afortunados por tener tantas opciones de las que alimentarnos, pero de ninguna manera ayuda a nuestra salud. Nuestra dieta moderna se ve muy afectada por la publicidad de estos fabricantes para vender su producto y obtener beneficios. No quieren mantenerte sano y saludable, sino que sólo quieren vender más para ganar dinero. En los estantes de las tiendas, estos diversos alimentos procesados están casi siempre llenos de azúcares refinados, colorantes y otros ingredientes que no son buenos para tu piel. A cierto nivel, las empresas empezaron a vender alimentos bajos en grasa a los que se preocupan por la salud. Las grasas han sido demonizadas y criticadas en particular por todos los problemas relacionados con el peso. Así, la gente empezó a culpar a las grasas e intentó eliminarlas de su dieta. Incluso todos los productos marcados como bajos en grasas contienen aditivos dañinos que no son seguros para usted. La dependencia de los carbohidratos en la dieta ha aumentado después de que la gente empezara a aumentar el consumo de grasas. Esta gran ingesta de hidratos de carbono fue la principal razón por la que la obesidad en este periodo se extendió tanto. La dieta rica en grasas de nuestros antepasados no les hacía tener sobrepeso, y apoyaba su estilo de vida.

Es imprescindible entender por qué las grasas son más seguras que los hidratos de carbono. Toman los carbohidratos de tu dieta y el cuerpo los descompone en azúcares simples. Hay más azúcar ya que estás comiendo más carbohidratos. El azúcar entra en tu torrente sanguíneo y el nivel de glucosa aumenta. Se libera más glucosa en el cuerpo para combatir este aumento de azúcar en la sangre. La insulina es una sustancia química que permite retener la grasa en lugar de consumirla. Por lo tanto, cuanto más azúcar se consume, más glucosa se produce y más grasa se crea. Debido a esto, puedes ver lo rápido que ganas peso en una dieta alta en carbohidratos. Su cuerpo también comenzará a desarrollar tallas para todos estos alimentos altos en carbohidratos o cargados de azúcar durante este período. Siempre le dará hambre y cuando vuelva a alimentarse, el proceso se repetirá. Por lo tanto, es importante restringir el consumo de carbohidratos más que el de grasas. Ayudará a estabilizar el nivel de azúcar en sangre y a regular la producción de insulina. También obligará al cuerpo a empezar a quemar grasa en lugar de almacenarla cuando se acaben los carbohidratos. Las grasas se convertirán así en su fuente de energía y también perderá peso.

En comparación con las grasas, al cuerpo le resulta más fácil quemar los carbohidratos. Por eso la glucosa es siempre la primera opción y las grasas se almacenan en el hígado durante ese tiempo. Pero esto pasa factura al hígado con el tiempo, produciendo un hígado graso. La cantidad de grasa que el hígado puede almacenar y mantenerse sano es mínima. Este límite se traspasa fácilmente con la dieta moderna. Por eso es importante restringir los carbohidratos, para que el cuerpo no tenga más remedio que cambiar la glucosa por las grasas como principal fuente de energía. La dieta carnívora es una dieta alta en grasas y sin carbohidratos. Esto hace que activar el ciclo de quema de grasas para obtener más combustible sea mucho mejor para tu cuerpo. Se necesita más tiempo para consumir grasas que para quemar azúcares, por lo que se obtiene un suministro de energía constante. La producción de insulina también se reducirá a una cantidad más natural, y las punzadas de hambre o las caricias disminuirán gradualmente. Su bienestar sólo se beneficiará de la ingesta de alimentos con más grasas alimentarias y sin azúcar.

El cuerpo lo quema como fuente primaria de energía en una dieta alta en carbohidratos; sin embargo, estos carbohidratos aún contienen cierta cantidad de grasa en las células. En cambio, esto no ocurre cuando se queman las grasas. Al cambiar al modo de cetosis y quemar más grasa, proteína la glicación en el cuerpo disminuye. Esto también reduce la inflamación en el cuerpo. Se crean más cetonas cuando se queman más grasas. Es mucho más fácil convertir las cetonas en energía que convertir los carbohidratos en glucógeno. Quemar la grasa acumulada y consumida puede proporcionar más energía en el cuerpo y también asegurarse de que el propio cuerpo tiene más combustible.

La cetosis es buena para la salud del cerebro, como hemos mencionado anteriormente. Para su fuente de combustible, el cerebro siempre prefiere las cetonas. Cuando se sigue una dieta rica en grasas y sin carbohidratos, se producen más cetonas. Dichas cetonas sirven como energía y potencian la actividad de tu cerebro. Con el tiempo, verás cómo mejora la concentración y la claridad mental. Una dieta cargada de carbohidratos hace lo contrario y afecta a tu productividad. Los azúcares de la dieta también tienen un efecto muy negativo en tus intestinos. El perfil de las bacterias o el contenido del microbioma en tu intestino no es saludable. Cuando eliminas estos azúcares insalubres, te ayuda a volver al perfil de bacterias saludables y a eliminar las bacterias dañinas.

Cuando se sigue una dieta alta en grasas, el proceso de quemar grasas en el cuerpo es un proceso continuo. La gente suele creer que cuando se eliminan las grasas de la dieta, se queman las grasas; en realidad, es lo contrario. El cuerpo pasará a quemar la grasa que ya está almacenada en las células cuando termines de comer tu comida de la dieta carnívora. Tienes que seguir comiendo en una dieta de carbohidratos para proporcionar combustible a tu cuerpo para quemar. Por eso la dieta alta en grasas debe mantenerte con energía durante todo el día. El síndrome metabólico se asocia con una dieta alta en azúcar. Esto, a su vez, se asocia con las enfermedades del corazón y la diabetes de tipo 2. El aumento excesivo de peso, la diabetes, la presión arterial alta, los niveles altos de azúcar en la sangre y los triglicéridos altos se notarán; los niveles saludables de colesterol HDL se reducirán. La hipertensión causada por una dieta alta en carbohidratos puede ser un factor de riesgo para muchas enfermedades que, junto con otros órganos, afectan principalmente al corazón y a los riñones. Estos síntomas se reducirán a un estado más saludable si elimina los azúcares y sigue la dieta carnívora alta en grasas. La reducción de los carbohidratos también reducirá los niveles de triglicéridos poco saludables de su cuerpo. El síndrome metabólico puede ser muy peligroso para su cuerpo y debe ser tratado con una dieta baja en carbohidratos.

Una de las principales preocupaciones sobre el exceso de grasa contenida en el cuerpo es su efecto sobre la salud. Especialmente cuando la grasa se almacena en la cavidad abdominal. Al parecer, la grasa visceral se procesa en diferentes órganos e influye en su funcionamiento. La grasa visceral, en particular, puede causar inflamación, disfunción metabólica y picos de insulina en la cavidad abdominal. Por ello, se recomienda un consumo bajo de carbohidratos para eliminar esta grasa y así reducir el riesgo de las enfermedades asociadas.

La gente asume que se va a sentir con energía todo el día comiendo más carbohidratos. Sin embargo, los carbohidratos no son más que un tipo de energía rápida. Se queman rápidamente, y te quedas constantemente con un bajón de energía. La quema de carbohidratos es muy fácil para el estómago, así que cuando se acaba, volverás a sentir hambre. Por eso la mayoría de la gente experimenta punzadas de hambre en la dieta moderna rica en carbohidratos. Esta dieta también te hace comer muchos azúcares simples como la fructosa, lo que hará que tu nivel de triglicéridos aumente. Estos triglicéridos son moléculas de grasa que aumentan el riesgo de enfermedades cardiovasculares posteriormente. Esta dieta también te sitúa en un riesgo elevado de cáncer de mama y de páncreas. Las personas que no prestan la debida atención a la ingesta de carbohidratos tienen más posibilidades a largo plazo de padecer obesidad. Por lo tanto, es fundamental aumentar los carbohidratos y controlar el ritmo de ingesta.

La pasta, el arroz y otros productos a base de cereales son carbohidratos huecos. Cuanto más peso gane, más comerá. Estos carbohidratos huecos no proporcionan combustible a tu cuerpo y simplemente aumentan tu consumo diario de calorías. La pizza puede saber deliciosa, pero es otra forma de calorías vacías, y es una forma rápida de ganar peso. Una dieta basada en un alto consumo de carbohidratos puede incluso inducir un déficit de nutrientes. En cambio, la dieta con alto contenido en carne te aportará muchos nutrientes importantes, como ácidos grasos como la vitamina E, la vitamina K y el omega 3.

Si ves que la mayoría de las veces, tu cuerpo está sufriendo de inflamación, es todo debido a tus malas elecciones dietéticas. Toda la mala comida que comes es la razón principal detrás de los resultados de la inflamación. Los ácidos grasos omega 3 son antiinflamatorios y apenas están presentes en los alimentos que comes cada día. Entonces, la dieta tiene más omega 6, y por eso hay una diferencia no natural. Normalmente, este ingrediente específico proviene de los diferentes aceites con los que cocinas, como el de girasol o el de soja. A diferencia del omega 3, estos tienen una propiedad inflamatoria y el cuerpo tiende a movilizarlos a compuestos similares a las hormonas. La grasa trans es un tipo de grasa mala que se encuentra sobre todo en los alimentos procesados con alto contenido en carbono. Es muy inflamatoria y se encuentra comúnmente en cualquier alimento que se coma frito o fuerte. Por lo tanto, una dieta alta en comida chatarra causará más inflamación.

Todas las comidas con un índice glucémico muy alto en un momento dado pueden provocar inflamación. En los alimentos procesados, los carbohidratos y los azúcares refinados pueden aumentar la inflamación. Es importante eliminarlos de su dieta para mejorar su salud. Los alimentos con un alto índice glucémico provocan un aumento de la cantidad de glucosa e insulina, lo que también aumenta la inflamación. Otro factor que conduce a la inflamación son las intolerancias alimentarias, que suelen estar causadas por los lácteos y ciertas proteínas. Éstas van a irritar tus intestinos y van a causar inflamación. El consumo elevado de carbohidratos es el principal culpable de todo esto. Una vez que entiendas esto, en lugar de demonizar los alimentos, deberías estar más dispuesto a eliminar los carbohidratos de tu dieta. Añade más alimentos grasos saludables y mejora tu cuerpo de forma efectiva.

EFECTOS SECUNDARIOS Y CÓMO TRATARLOS

Seguir la dieta cetogénica o carnívora significa que puedes tener un efecto secundario llamado Keto-flu. Definitivamente, la dieta carnívora será beneficiosa para su salud, pero el cuerpo necesita tiempo para acostumbrarse al cambio. Es posible que tengas que lidiar con un par de efectos secundarios como la ceto-gripe. Vamos a explicar todo en esta sección acerca de lo que es y cómo se puede manejar.

Además, la ceto-gripe es un efecto secundario común que se encuentra en la fase inicial del seguimiento de la dieta carnívora. También se conoce como gripe de inducción, y en la primera semana del proceso, se puede sentir esto. Los síntomas son náuseas, letargo, náuseas y falta de concentración. Puedes sentirte cansada durante todo el día; sin embargo, por suerte, todo esto es normal y también se puede evitar. Debes asegurarte una hidratación adecuada para evitar los síntomas graves. En el periodo de adaptación, el consumo adecuado de agua es una parte muy necesaria de la dieta. La deshidratación puede empeorar estos efectos. También le ayudará añadir un poco de sal; sin embargo, también puede experimentar algunos calambres dolorosos en la pierna. Estos pueden ser una fuente de gran angustia porque surgen durante el día en cualquier momento e incluso mientras se duerme. Beber mucha agua suele llevar a orinar, lo que permite al cuerpo perder minerales. Por eso puede haber calambres en las piernas. Pero mientras siga bebiendo agua con una pizca de sal, este problema remitirá. Si es demasiado, también hay que sopesar los suplementos de magnesio, pero no suelen ser necesarios.

La deshidratación, el agotamiento del calcio debido a la micción frecuente y el consumo de más productos lácteos en la dieta también pueden contribuir al estreñimiento. En realidad, el estreñimiento durante la primera etapa también es muy frecuente. El estreñimiento puede ser muy peligroso para el organismo, por lo que hay que ponerse en contacto con el médico si no se produce pronto. Hay que asegurarse de que el cuerpo recibe los alimentos y el agua adecuados para ayudar a regular los movimientos intestinales.

El aliento a acetona también será causado por el aumento de la producción de cetonas debido a la cetosis. El mal aliento es uno de los signos con los que tendrás que lidiar, así que trata de mantener esas mentas contigo. Sólo asegúrese de practicar una buena higiene bucal para evitar que se convierta en un problema grave. Varios han informado de palpitaciones y temblores en el pecho. La diarrea también puede formar parte de la experiencia. Los antojos de azúcar suelen disminuir, pero también la actividad física al principio de la dieta. Debería considerar la posibilidad de añadir suplementos minerales a su dieta para hacer frente a estos síntomas. El sodio, el potasio o el magnesio deben estar presentes en ellos. Puede consultar a médicos o dietistas para que le ayuden a facilitar el proceso de transición. Ellos te guiarán para que tomes las medidas necesarias para prevenir estos síntomas. Ten en cuenta que todos estos efectos secundarios son breves, desaparecen al cabo de un tiempo, así que durante unos días sólo tienes que tolerarlos. Al final mejorará, y la dieta te ayudará a sentirte más feliz y más sano.

La causa de la ceto-gripe es el cambio metabólico que se produce al pasar de la dieta habitual a la dieta carnívora. Pueden aparecer síntomas como vómitos, calambres, sudores nocturnos, escalofríos, sequedad de boca, fatiga, mareos, insomnio y problemas digestivos. Tu nivel de energía va a ser bajo, y también puedes sentir niebla cerebral.

La dieta carnívora ayudará a provocar la cetosis y le ayudará a perder peso en su cuerpo. Cuando esto ocurre, en lugar de azúcar, el cuerpo seguirá consumiendo grasas para obtener energía. Mientras se produce esta transformación, el cuerpo sufrirá tres cambios significativos. Así, los fluidos del cuerpo se reequilibrarán. El consumo de insulina del cuerpo disminuye cuando se eliminan los azúcares de la dieta. Debido a este descenso de la glucosa, el riñón debe extraer la sal del cuerpo del agua. La primera pérdida de peso inicial al comienzo de la dieta es la pérdida de peso de agua. A continuación, el cuerpo empezará a vaciar su almacén de glucógeno y a quemar grasas para ganar energía.

En segundo lugar, en lugar de azúcares, el cuerpo pasa a quemar grasas para obtener energía. Ahora mismo, para obtener combustible, el cuerpo está acostumbrado a quemar azúcares para obtener glucosa. Comenzará a quemar las grasas de la carne, así como la grasa acumulada en el cuerpo, cuando comience la dieta carnívora y la utilice como fuente principal de energía. Cada individuo en la fuente de energía reaccionará de manera diferente a este cambio. Si su cuerpo es capaz de tolerar bien la transición, no experimentará los síntomas de la ceto-gripe o al menos no demasiados; pero, si este cambio es más difícil de manejar para su cuerpo, sentirá la angustia causada por la ceto-gripe. Si sueles consumir muchos carbohidratos, tu cuerpo está acostumbrado a utilizarlos como energía. Es por eso que el cambio del cuerpo puede tomar más tiempo que otros que no son tan dependientes de los carbohidratos como usted. Sí, quitar los carbohidratos de su dieta puede ser incluso similar a tratar de cortar la adicción a la cafeína o a la nicotina.

En tercer lugar, se produce un reequilibrio hormonal. En este proceso, el nivel de cortisol y de la hormona tiroidea del cuerpo puede experimentar ciertos cambios. En esta etapa, el nivel de la hormona tiroidea o T3 del cuerpo debe disminuir, ya que se ve afectado por el consumo de carbohidratos de la persona.

Estas hormonas también tendrán un efecto en los cambios de la temperatura corporal, el ritmo cardíaco y el metabolismo.

CÓMO TRATAR LOS SÍNTOMAS

Para hacer frente a estos síntomas, es importante tomar algunas medidas. Estas acciones le permitirán evitar esos efectos por completo o, al menos, reducir su efecto en su cuerpo.

1.   Hidratación

Beber una cantidad adecuada de agua es una de las medidas más importantes que debes tomar. También es el más fácil de seguir para mantenerse hidratado, no pase por alto este consejo. Asegúrate de beber al menos 8 vasos cada día mientras sigues la dieta carnívora. El agua debe ser algo que bebas tan a menudo como puedas. Los zumos procesados o los refrescos no están permitidos como ya sabes, así que el agua es tu única apuesta. El café negro y el té están permitidos, pero sólo hasta cierto punto. La dieta afectará al cuerpo con un efecto diurético, lo que provocará una gran depleción de electrolitos. Es necesario hidratarse regularmente para reponerlos. Como los niveles de insulina también descienden durante esta dieta, el hígado excretará aún más sodio. Es importante reponer la sal que falta a un nivel saludable. Al igual que los antojos de comida, a veces puedes sentir que se te antoja algo salado. Es la forma en que su cuerpo le pide que reponga la sal que ha perdido.

Beber mucha agua te beneficiará en muchos aspectos. Ayudará a tu cuerpo a filtrar las toxinas, y tu piel se volverá mucho más suave también. Un consumo excesivo de azúcar y grasa afecta negativamente al organismo y suele provocar acné. Una hidratación adecuada de la dieta carnívora puede ayudar a contrarrestarlo. Si aún no tienes el hábito de beber suficiente agua, establece originalmente un recordatorio para ayudarte. Intenta cada hora más o menos beber un vaso de agua. Aplique algunos electrolitos para esto si lo desea. A algunas personas les gusta añadir sabores naturales como el limón, el pepino o las hojas de menta para que beban más agua. Estas bebidas suelen denominarse agua detox, ya que los ingredientes añadidos aportan antioxidantes al agua. Es una forma fácil de engañarse a sí mismo para mantenerse hidratado añadiendo algo de sabor. 30 minutos antes de cada comida, beba un vaso de agua. También debes hacer que beber agua sea lo más cómodo posible. Si te mueves mucho, llévate un vaso o una botella de agua. Recuerda que debes mantenerte alejado de cualquier bebida azucarada, aunque sea de marca saludable. Elige un americano y no un Frappuccino si tomas café fuera. Intenta fijarte un objetivo de beber agua de forma regular. Hay diferentes formas de llevar un control de la ingesta de agua y de motivarte. Puedes llevar un diario o simplemente descargarte alguna aplicación para ello.

2.   Positividad

La positividad puede desempeñar un papel importante cuando observas la dieta y en su conjunto en tu vida. No espere resultados de la noche a la mañana y no se deje desmotivar. En pocos días, el cuerpo se modificará y la dieta comenzará a mostrar efectos positivos. Sin embargo, debe tener en cuenta que no siempre es la cantidad lo que marca la diferencia en la báscula. Es posible que esté perdiendo grasa mientras gana músculo, por lo que esa cantidad puede no cambiar significativamente, pero puede tratar de llevar un registro de las medidas de su cuerpo que son más propensas a cambiar. La grasa en las regiones del estómago, los glúteos, etc. disminuirá, y el tamaño de su cuerpo aumentará. Utilice estas mejoras como una razón para ver más efectos y tenga cuidado. Si sigue la dieta durante el tiempo suficiente, se llevará una grata sorpresa. A menudo, las fotos son una forma perfecta de seguir inspirado y de trazar las modificaciones. En cada momento de la dieta, comparará las fotos y verá por sí mismo cómo su cuerpo ha cambiado para mejor.

3.   Gestión del estrés

Es importante hacer frente al estrés. Para el bienestar físico y psicológico, puede ser un verdadero obstáculo. El estrés incluso dificulta la inducción de la cetosis en el cuerpo y afecta a la cantidad de grasa que se puede quemar. Existe una tendencia natural a desear alimentos reconfortantes cuando los niveles de estrés aumentan en el cuerpo, que suelen venir en forma de azúcar o alimentos cargados de carbohidratos. Esto hará que rompas la dieta y te des el gusto de comer alimentos poco saludables, lo que aumentará de nuevo tu peso. Tienes que practicar el manejo del estrés para detener todo esto. Hay diferentes métodos, como el yoga o simplemente algún deporte, que te permitirán hacerlo. La reducción de los niveles de estrés mejorará la salud.

4.   Sueño adecuado

La mayoría de la gente tiene muy malos hábitos de sueño. Tienden a quedarse despiertos hasta la medianoche y la mayor parte del tiempo están usando sus teléfonos inteligentes. Acaban durmiendo en exceso por la mañana, o simplemente no tienen suficiente tiempo. Es esencial dormir lo suficiente para estar sano. También afecta a tu salud mental y elimina los sentimientos desagradables. A una hora temprana y segura, deberías tener el hábito de dormir y despertarte también. Puede que tengas una gran carga de trabajo, así que pon tu bienestar en primer lugar y haz algunos ajustes que sean necesarios. Procura estar lo más posible en la cama a las 10 o 11 de la noche. Debe ser una prioridad dormir entre 7 y 8 horas. Asegúrate de poder descansar sin problemas y todas las noches a las mismas horas. Esto ayudará a restablecer el equilibrio de tu ritmo circadiano. Si no puedes hacerlo tú mismo, utiliza alarmas. No desperdicies una buena mañana en la cama y esfuérzate por levantarte durante un par de días. Después de un tiempo, verás que se convierte en una fuerza de la costumbre y ni siquiera necesitarás una alarma. Si, nada más acostarte, te cuesta conciliar el sueño, tómate un tiempo para relajarte. No uses el teléfono para jugar. Lee un libro o escucha música relajante. También te cansarás de hacer ejercicio por la noche o de salir a pasear después de cenar y dormirás mejor. La actividad física regular ha ayudado a la mayoría de las personas a lidiar con los síntomas de la ansiedad y a controlar el sueño; sin embargo, no debe ser un entrenamiento agitado justo antes de acostarse, ya que provoca que las endorfinas y la adrenalina te mantengan despierto. La calidad del sueño es muy crítica e incluso más importante que las horas que se está despierto.

Preste atención a nuestro horario de sueño prescrito. Reserve todos los días ocho horas diarias a la misma hora. Sea persistente en esto y con el tiempo le resultará fácil. Su cuerpo tardará en prepararse para ajustar el ritmo del sueño. Cuando, al intentar dormir, te encuentres despierto durante una hora, sal de la cama y haz algo que te ayude a calmarte. Luego vuelva a intentarlo y mejorará. La comida y las bebidas también afectarán a la calidad de tu noche. La cena debe tomarse un par de horas antes de dormir y no justo antes de acostarse, pero no te vayas a la cama con hambre. Si sientes hambre incluso después de cenar, come un pequeño tentempié saludable, pero por lo general, la dieta carnívora lo evitará y te ayudará a sentirte lleno. Sentirás dolor al comer una comida muy pesada antes de acostarte. Deja de ir a la cama con cafeína o drogas. Además, la cafeína debe tomarse con precaución, si es que se toma, ya que todo esto tiene un impacto negativo en su ciclo de sueño. También hay que intentar beber más agua en las primeras horas del día y no más tarde. Por la noche, beber un exceso de agua puede alterar el sueño debido a la micción frecuente. La habitación en la que duermes debe ser ideal para la tarea. Manténgala oscura y silenciosa para poder dormir mejor. Intenta bloquear el sonido y pon una cinta instrumental tranquilizadora durante un rato para calmarte. Si el aire es demasiado cálido, las ganas de dormir se verán comprometidas para mantener el lugar frío. Evita la iluminación fuerte y mantén la habitación limpia también. A menos que seas un bebé o tengas más de 60 años, deja de dormir durante el día. Realmente no lo necesitas, pero si lo haces, limita la siesta a un total de 30 minutos. Dormir demasiado durante el día puede afectar a tu capacidad para dormir por la noche. Durante la noche, una rutina para acostarse te ayudará a dormir mejor. Tómate un tiempo para cuidarte. Una bañera, un libro o la música también ayudarán a desarrollar un ritmo relajante que te hará dormir. Deja de perder horas en la cama pensando en cosas que te molestan y preocupándote por tu peso, tu alimentación o tu futuro.

5.   Ejercicio regular

La dieta carnívora por sí sola te ayudará a perder mucho peso y a estar más sano, pero hacer ejercicio es siempre una parte importante de un estilo de vida saludable. Te beneficiarás del ejercicio regular en más de un sentido. No tiene que temer ir al gimnasio y levantar peso, sino que se beneficiará de correr en el parque o incluso de caminar a paso ligero durante 30-40 minutos. Cada día, puedes encontrar varias formas de mantenerte activo. Prueba a nadar si te gusta y verás cómo también te permite quemar calorías. También puedes ir con tus amigos a jugar al baloncesto, al fútbol o a lo que te apetezca para practicar tu deporte favorito durante un rato. El punto principal es masajear la sangre y el ritmo cardíaco. No te disculpes por tener una agenda apretada, siempre hay tiempo suficiente para hacer estas cosas. Mantener una rutina bien equilibrada te ayudará a hacerlo todo en tu tiempo libre. No debería ser difícil sacar un poco de tiempo para hacer ejercicio en tu propio beneficio. Reforzará su sistema inmunitario, activará las endorfinas, le ayudará a perder peso más rápidamente y a largo plazo se mantendrá sano.

CAPÍTULO 6

LISTA DE ALIMENTOS DE LA DIETA CARNÍVORA - DESAYUNO, ALMUERZO Y CENA

Comer carne y a veces otros alimentos de origen animal es la pauta básica de la dieta carnívora. No hay ninguna otra regla en esta dieta de la que tengas que preocuparte. No importa a qué hora comas, cuánto comas, el tamaño de tu ración o incluso el porcentaje de macronutrientes. Coma sólo cuando tenga hambre y coma sólo carne. En este capítulo, explicaremos cualquier duda sobre lo que puedes comer y también te ayudaremos a entender cómo puedes preparar una dieta carnívora para tu comida o cena de la mañana.

1.   Carne

La carne de diferentes animales es el componente alimentario habitual de esta dieta. Se pueden consumir carnes rojas como la ternera, el cerdo, la caza silvestre, el cordero o incluso la carne de ave. De todas las opciones de carne, la de vacuno es la más preferida. También puedes comer carne blanca de pollo o pavo. Se trata de atún u otros alimentos como ostras nuevas, langosta, col, gambas y calamares. La carne de órganos también está permitida, por lo que se puede comer hígado, médula ósea, corazón, cerebro o riñón. En esta dieta, los huevos también son una buena fuente de proteínas y pueden obtenerse de pollos, gansos o patos. No te limites a comer carne magra, incluye también los cortes grasos en tu dieta. Las necesidades nutricionales diarias las aporta la grasa de la carne. También te aportará las proteínas, los minerales y otros nutrientes que necesitas.

Los cortes grasos de la carne te ayudarán a hacer más atractiva tu dieta.

Vamos a darte los mejores cortes y estilos para que elijas entre las opciones de carne que tienes. Deberías comer chuletas de cordero, costillas o jarrete si te gusta el cordero. Las alas, los muslos y los palillos de ave son buenos. Utiliza la comida del cuello, las costillas, la nalga asada o la panza de cerdo en el caso de la carne de cerdo. El pescado te ofrece muchas opciones, como el atún, la langosta, la carpa, las vieiras, las sardinas, la caballa y el cangrejo. También puedes tomar el caldo de huesos de cualquier animal.

Puedes preguntarte si sólo necesitas comer carne alimentada con pasto. Aunque esta sería tu opción más saludable, es comprensible que también sea más costosa. No dejes que eso te preocupe demasiado y elige carnes dentro de tu rango. El elevado coste de la carne alimentada con pasto no debería disuadirte de continuar con tu dieta carnívora. En lo que respecta a la carne procesada, los primeros 30 días de estudio de la dieta carnívora al menos evita ambas. Esto hará que la dieta sea más efectiva y segura para usted. El tocino se puede comer, pero las salchichas se pueden evitar.

La carne animal se incluye en la dieta carnívora porque incluye DHA, que ayudará a mejorar la función cerebral. Incluir u omitir los despojos en la dieta es una elección personal.

2.   Lácteos

Hay muchos alimentos en la lista que entran en la categoría de "tal vez". A veces, pero no a diario ni en grandes cantidades, puedes tomarlos en cantidades mínimas. Técnicamente provienen de animales, por lo que no desafían completamente las directrices, pero siguen sin ser carne. Entre ellos se encuentran los productos lácteos como la nata, la mantequilla, el ghee, la leche, el yogur y el queso; sin embargo, la mayoría de la gente prefiere no consumir leche, especialmente si quiere perder peso más rápidamente. Esto se debe en gran parte al hecho de que la leche contiene lactosa y debe limitarse aunque se consuma.

3.   Agua, té y café

El agua es tu bebida natural y para mantenerte hidratado, independientemente de la dieta que adoptes, debes preferir cualquier otra cosa. El café y el té, a pesar de proceder de plantas, son excepciones a las restricciones de una dieta. La única regla es que deben ser negros y sin azúcar ni aditivos. Además, estos dos ingredientes tienen muchas ventajas por sí mismos e incluso funcionan como insecticida natural. A las personas les puede resultar difícil la transición a la dieta carnívora si también tienen que adaptarse a la eliminación de la cafeína al mismo tiempo; pero, una vez que te hayas adaptado a la dieta, intenta cortar también la adicción a la cafeína.

Los únicos potenciadores del sabor permitidos son la sal y la pimienta, y también deben utilizarse dentro de un límite. Las especias son, de hecho, otra excepción a la regla en la que no se hace mucho hincapié. También se aconseja excluirlas de la dieta, pero se puede optar por utilizar algunas en la carne para darle más sabor. Procura no abusar de ella. La cúrcuma es una de las especias beneficiosas que hay que tener en cuenta, ya que ayuda a la inmunidad y también mejora la salud cognitiva y cerebral. La pimienta de cayena tiene ventajas especiales en el proceso de pérdida de peso.

4.   Hierbas

Las plantas no sólo son sabrosas, sino que también tienen muchos beneficios para la salud. Incluir algunas de ellas a tus recetas a base de carne te ayudará a mejorar tu salud, además de aportar a esta restrictiva dieta una variación de sabor. La canela es una de esas hierbas beneficiosas que añaden sabor y regulan los niveles de azúcar en sangre. Básicamente, actúa como una forma natural de insulina. La hierba que aporta sabor es el orégano. Contiene muchos antioxidantes y combina bien con varios sabores. El romero también debe ser conocido porque ayuda a aliviar la inflamación del cuerpo. La inflamación es una de las principales causas de la artritis, y el riesgo asociado puede reducirse con el romero. El tomillo tiene un alto contenido en antioxidantes y ayuda a mantener un ciclo respiratorio seguro.

5. Suplementos

Normalmente, no necesitarás ningún suplemento adicional; sin embargo, algunas personas los necesitan, y durante el periodo de adaptación pueden tomarlos. Los suplementos permitidos son la sal del Himalaya, los electrolitos y la lipasa de apoyo GI o la bilis de buey; sin embargo, suprímalos una vez pasado el periodo de adaptación.

Veamos cómo será un día en cuanto a tus comidas en la dieta carnívora.

Desayuno

Por la mañana se pueden consumir unos huevos revueltos o fritos con mantequilla. Esta comida también se puede complementar con queso y jamón. Hágalo negro si quiere té o café.

Almuerzo

Adelántate a la tarde y come un filete de ojo de costilla. También se pueden hacer otros cortes de ternera como el solomillo, la tira o el ojo de buey. Si no está a la caza de un filete, elija un asado. Para aquellos que anteriormente tuvieron que dejar esto en otra dieta, les parecerá un sueño hecho realidad.

Cena

Una hamburguesa con un poco de tocino cocido puede ser su comida. Incluso puedes pedir una hamburguesa extra si te decepciona la falta de panes. En lugar de las hamburguesas, también puedes elegir un filete T-bone.

Aconsejamos abstenerse de comer bocadillos porque la carne es muy satisfactoria, y esto es sencillo. Esto te deja mucho más a gusto, y nunca te vas a sentir cansado hasta que esté lista tu próxima comida. Si sigues teniendo hambre todo el tiempo, deberías considerar aumentar los cortes grasos de tus comidas, ya que son más satisfactorios. Cuando sea absolutamente necesario picar algo, prueba con chicharrones.

Alimentos que deben evitarse durante la dieta carnívora

En la dieta carnívora, casi hay que dejar de comer todo lo que no entra en la categoría de carne.

- Verduras

- Fruta

- Nueces

- Semillas

- Legumbres

- Granos

- Pasta

- Pan

- Condimentos o salsas

- Alcohol

- Carne procesada

- Alimentos procesados de cualquier tipo

- Sin aceites vegetales

Evite cualquier carne procesada como el jamón, el salami, el chorizo o el salchichón. Estos son los rellenos de carbohidratos que deben evitarse especialmente en esta dieta; sin embargo, si en el primer mes puedes adherirte a la mejor dieta posible, a veces puedes comer estas carnes procesadas como bocadillos más adelante. Estas pueden ser tu mejor opción para adherirte a la dieta cuando estés de viaje; sin embargo, trata de evitarlas lo más posible.

Evite también comprar salchichas prefabricadas. Normalmente éstas contienen trigo que se utiliza para rellenar la salchicha. En casa, puedes intentar hacer las tuyas propias y saludables. No compre salchichas baratas en el mercado o perritos calientes en el puesto. Estos afectarán a tu dieta y también pueden provocar un aumento de peso.

VENTAJA/DESVENTAJA DE LA DIETA CARNÍVORA

En este capítulo veremos algunos de los pros y los contras de seguir esta dieta. Tiene sus puntos fuertes y sus inconvenientes, como todo o cualquier otra dieta.

Desventajas de la dieta carnívora

Uno de los inconvenientes de una dieta exclusivamente cárnica es que si no comes carne de buena calidad, puede perjudicar tu salud en lugar de mejorarla. La carne procesada de la industria más barata suele estar llena de muchos conservantes, pesticidas y productos químicos. Estos animales son alimentados con dietas de baja calidad y repletas de toxinas como pesticidas, transgénicos, antibióticos, etc. que invaden sus cuerpos después. Por lo tanto, también estarás comiendo indirectamente todo esto de la carne de baja calidad. Por eso es importante encontrar carne de animales que crezcan en pastos, alimentados con hierba o con alimentos orgánicos. Esto garantizará que los animales, así como la carne, sean sanos. Este factor es esencial si sigues una dieta basada en la carne.

Dado que la carne contiene mucha grasa saturada y colesterol, regularmente se le incorporará a su dieta. Esto puede ser una molestia. Las grasas trans de esta dieta también pueden hacer que el hígado genere más colesterol del necesario. Por eso es necesario controlar el consumo habitual de carne grasa.

La elevada cantidad de sodio presente en la carne procesada o curada en sal es otro tirón de orejas. La ingesta excesiva de sodio puede aumentar el riesgo de padecer enfermedades cardíacas o accidentes cerebrovasculares e incluso puede suponer un problema para la función renal. Por este motivo, se recomienda evitar la carne procesada como el salami, la cecina o el jamón para evitar el exceso de sodio. La carne fresca suele tener niveles de sodio mucho más bajos y no supone ningún problema.

Si nos fijamos en el factor coste, una dieta a base de carne es más costosa que una dieta a base de verduras. La dieta puede ser bastante costosa si no sólo la proporcionas para ti, sino para toda la familia. Comprar carne a diario es costoso, sobre todo si se quiere de buena calidad. Debes estar preparado para aumentar el gasto en alimentos en tu presupuesto, a menos que tengas tus propios animales de granja o puedas procesar la carne tú mismo de alguna manera. Un consejo que ayuda es comprar a granel, ya que suele reducir el coste.

Ventajas de la dieta carnívora

La ventaja de esta dieta es que es bastante sencilla. Como tanto las recetas como el proceso de cocción están racionalizados, te ahorra mucho tiempo y energía. No sólo verás cómo mejora tu salud, sino que también notarás que pasas mucho menos tiempo del día preparando la comida en la cocina. Si practica la dieta carnívora, se omitirá la mayor parte de las partes de corte, trituración y cocción de su día normal.

La dieta carnívora proporciona al cuerpo una fuente perfecta de proteínas. La proteína es esencial para que el cuerpo funcione de muchas maneras para mantenerlo sano. Por eso es un bloque de construcción de vida. Como sólo vas a comer carne, tu cuerpo tiene una fuente constante de buenas proteínas. Incluso una pequeña cantidad de carne está densamente repleta de proteínas y compensará la cantidad diaria recomendada para una persona. También obtendrás todos los aminoácidos esenciales que tu cuerpo necesita. Hay nueve aminoácidos que el cuerpo no puede producir aunque sean necesarios para la nutrición. Las proteínas de los alimentos contienen y tienen los nueve aminoácidos. Por ello, los alimentos de origen animal se consideran una fuente de proteínas completa y proporcionan al organismo, a través de la dieta, estos aminoácidos esenciales. Estos aminoácidos deben tomarse diariamente para mantener la salud de los músculos, la musculatura y el cabello.

También tendrá a su disposición una buena fuente de vitaminas del complejo B como la niacina, la riboflavina, la tiamina y la vitamina B12. Todas ellas se encuentran en la carne y, por lo tanto, ayudan a mantener los niveles de energía y conducen a la producción. Estos suplementos también ayudan a mejorar la absorción del calcio. La carne también aportará al organismo otros minerales, como el zinc y el selenio.

Otra ventaja es que esta dieta ha ayudado a muchas personas a superar algunas enfermedades crónicas que no podrían tratar de otro modo. Abarca los trastornos del sistema autoinmune, incluida la enfermedad de Lyme. Esta dieta ayudó a muchas personas a estar más sanas con una dieta puramente cárnica cuando otros tratamientos e incluso el protocolo de un buen médico fracasaron.

DIFERENCIA ENTRE LA DIETA CETO, LA DIETA PALEO Y LA DIETA CARNÍVORA

La dieta carnívora, como sabes, se relaciona a menudo con la dieta baja en carbohidratos y la dieta ceto, pero en algún momento, la correlación de las diferencias entre esas dietas se detiene.

En primer lugar, veamos las implicaciones de cada una de estas dietas.

La dieta paleo

En pocas palabras, esta dieta dice que si hay algún alimento que un hombre de las cavernas no comía, usted tampoco debe comerlo. Cuando se decide seguir el estilo de vida Paleo, se permite consumir cualquier cosa que los cavernícolas puedan cazar o cosechar para utilizar en su dieta. Esto incluirá alimentos de cultivo regional, frutos secos, pescado, granos, verduras de hoja verde y vegetales. Tendrás que renunciar a toda la comida procesada que forma parte de la dieta moderna. Esto significa que tienes que dejar la pasta, los dulces, los cereales, etc. Esta dieta no te indica cuánto debes comer, ni pone límites a las calorías del día. Más bien, se centra en mejorar el tipo de alimentos que comes.

La dieta cetogénica

La dieta Keto es esencialmente baja en carbohidratos y alta en grasas, permitiendo un consumo moderado de proteínas. De hecho, es bastante similar a otras dietas bajas en carbohidratos como la dieta Atkins. La intención de esta dieta es comer mucha grasa y poner su cuerpo en un estado de cetosis constante. Este proceso de cetosis empujará a tu cuerpo a quemar la grasa almacenada en tu cuerpo como fuente de energía. En lugar de glucosa, su cuerpo recurrirá a las cetonas. La dieta, en cambio, empuja su sistema metabólico hacia las cetonas y la grasa, alejándose de su dependencia de los carbohidratos. Hay algunas variaciones de la dieta Keto que se pueden cambiar en un día para adaptarse al nivel de actividad del paciente.

La dieta carnívora

La dieta carnívora no tiene en cuenta las macros y depende únicamente de una dieta: la carne. En esta dieta debes comer carne en todas las comidas y ningún otro alimento. La única excepción es una cantidad limitada de productos lácteos de origen reciente.

Cuando se trata de perder peso, la mayoría de las dietas recomendadas le indican que consuma una cantidad menor de carbohidratos. La dieta Keto reduce el consumo de carbohidratos, mientras que la dieta carnívora elimina los carbohidratos de su dieta por completo. ¿Cómo vas a decidir cuál es mejor? La dieta Paleo aboga por los alimentos de origen vegetal, pero ¿no contienen toxinas e irritantes similares al gluten? ¿Significa eso que la dieta carnívora es la mejor opción basada en la carne? Hay grupos de personas que están de acuerdo con esta última sinopsis, mientras que hay otros que se oponen totalmente a ella; sin embargo, probablemente te encuentres en el medio, ya que puedes ver que la dieta carnívora tiene sus propias ventajas y puede ayudarte a estar delgado y saludable.

Las restricciones de carbohidratos en la dieta carnívora son en realidad mucho más amplias de lo que se puede ver después de una dieta Keto baja en carbohidratos. La dieta Keto incluye una cantidad media de proteínas con alto contenido de grasa y una pequeña cantidad de carbohidratos. En el caso de la dieta carnívora, comerás principalmente proteínas y grasas casi en su totalidad.

No hay un estudio muy extenso sobre la dieta carnívora en relación con la dieta Keto. Durante mucho tiempo, la dieta Keto ha sido estudiada y por lo tanto tiene mucho apoyo científico; sin embargo, no se ha puesto el mismo esfuerzo en entender la dieta carnívora. Es por eso que no existe una proporción tan precisa que te oriente sobre la cantidad de grasa y proteína que debes consumir en una dieta. Por otro lado, la dieta Keto suele tener una proporción estándar para dictar sobre una base diaria el número de grasas, proteínas y carbohidratos que necesitas comer. La proporción estándar en una dieta Keto es de 60-70% de grasas, 20-30% de proteínas y 5-10% de carbohidratos. La dieta carnívora le ayuda a alimentarse sin ninguna exigencia en cuanto a macronutrientes.

En la dieta carnívora, cuando se trata de productos lácteos frescos, sólo se permiten los carbohidratos de época. Hay ciertos productos lácteos frescos o fermentados que contienen buenas cantidades de carbohidratos. Aunque la dieta carnívora requiere este tipo de carbohidratos, hay muchos que ni siquiera los consumen. En una dieta Keto puedes tomar verduras bajas en carbohidratos, pero esto no está permitido en la dieta carnívora; sin embargo, te aconsejamos que adoptes un enfoque más saludable que combine la cantidad de carne que consumes con ciertos productos animales como los huevos o la leche. Esto ayudará a la dieta carnívora de forma equilibrada.

La dieta Paleo y Keto permite un cierto número de especias, sal, aceites, etc. para añadir valor así como sabor a sus comidas; sin embargo, es ligeramente discutible en la dieta carnívora si están o no permitidos. Dichos alimentos son de origen vegetal, y la dieta carnívora hace hincapié en consumir únicamente carne de animales.

La dieta cetogénica es baja en carbohidratos mientras que la dieta carnívora elimina completamente los carbohidratos. Por eso se considera que la Keto es mucho más restrictiva. En la dieta Keto, también puedes consumir alimentos vegetales, incluyendo frutos secos y semillas. A diferencia de la Keto, la dieta carnívora restringe todo esto. Por otro lado, algunos alimentos ricos en carbohidratos están restringidos en la dieta Keto, pero están permitidos en la dieta carnívora siempre que se tomen de una fuente animal. Dado que estos alimentos lácteos deben ser consumidos mínimamente de todos modos, la cantidad de carbohidratos en la comida no es de importancia.

La gente suele adoptar la dieta carnívora como último recurso junto con las otras dos dietas. Además, esta dieta se adopta cuando las otras dietas no funcionan o no muestran resultados efectivos. Aquellos que tienen problemas de salud, como dolor crónico o problemas digestivos, también buscan la dieta carnívora para ver si ayuda a aliviar estas preocupaciones. Después de que alguien ha intentado Atkins, Keto, el ayuno intermitente, y un montón de otras dietas, en realidad están abiertos a probar una dieta más extrema como este todo carne; pero, al igual que otras dietas, va a funcionar para algunas personas y no para otros.

RECETAS DE LA DIETA CARNÍVORA

1. Huevos cocidos sencillos

Ingredientes

•   4 huevos

•   Agua, según sea necesario

•   Sal al gusto (opcional)

•   Pimienta al gusto (opcional)

Sirve: 2

Preparación

- Llenar una cacerola con agua hasta la mitad y ponerla a fuego alto. Cuando el agua empiece a hervir, bajar el fuego a bajo. Introducir con cuidado los huevos en la cacerola. Cocer hasta el punto de cocción deseado según el tamaño de los huevos.

- Para los huevos pasados por agua: Dejar cocer los huevos durante 4-5 minutos.

- Para los huevos cocidos medianos: Dejar cocer los huevos durante 7-8 minutos.

- Para los huevos duros: Cocer durante 8-10 minutos.

- Escurrir y colocar en un recipiente con agua fría.

- Pelar después de 4-5 minutos.

- Salpimentar si se desea y servir.

2.   Huevos fritos

Ingredientes

- 4 huevos

- Sal al gusto

- Pimienta al gusto

- 4 cucharaditas de mantequilla

Sirve: 2

Preparación

- Poner una sartén antiadherente a fuego medio. Añade una cucharadita de mantequilla y derrítela. Romper un huevo en la sartén.

- Para el sunny side up Cocine hasta que las claras estén cuajadas y la yema esté líquida. Retirar con una espátula a un plato.

- Para las tortillas: Cuando las claras estén cuajadas, darles la vuelta una vez. Cocinar durante unos 30 segundos y sacar a un plato.

- Para la sobremesa: Cuando las claras estén cuajadas, darles la vuelta una vez. Cocine durante 1 - 1½ minutos.

- Para los huevos demasiado duros: Cuando las claras estén cuajadas, darles la vuelta una vez. Cocinar durante 2-3 minutos o hasta que la yema esté bien cocida, como en un huevo duro.

- Para los huevos fritos al vapor: Cocine los huevos, con el lado soleado hacia arriba (paso 2), pero cubra la sartén con una tapa cuando las claras estén ligeramente cuajadas.

- Cocer el resto de los huevos siguiendo los pasos 1 y 2 /3/4/5/6

- Salpimentar y servir.

3.   Huevos revueltos suaves y cremosos

Ingredientes

- 2 huevos de corral grandes

- 1 cucharadita de mantequilla

- Sal al gusto

- Pimienta recién cortada al gusto (opcional)

Sirve: 1

Preparación

- Romper los huevos en un bol. Añadir y sal y batir ligeramente hasta que estén bien combinados.

- Poner una sartén antiadherente a fuego medio. Añadir la mantequilla y dejar que se derrita. Añadir la mezcla de huevos. No remover durante 20 segundos.

• Con una espátula de silicona, remover ligeramente en pequeños círculos durante los primeros 30 segundos, hasta que esté ligeramente cuajada.

• Remover en círculos más grandes durante los siguientes 15 a 20 segundos hasta que el huevo tenga una textura cuajada. Los huevos deben estar blandos, pero cuajados y con una consistencia líquida en algunos puntos.

• Apague el fuego. Deje que se cocine en el calor durante 8-10 segundos.

• Remover ligeramente. Condimentar con pimienta y más sal si se desea y servir inmediatamente.

4.   Huevos revueltos perfectos

Ingredientes

*   4 huevos de corral grandes

*   4 cucharadas de mantequilla

*   ¾ de taza de nata líquida o leche entera

*   Sal al gusto

*   Pimienta al gusto (opcional)

Sirve: 2

Preparación

*   Batir los huevos en un bol. Añadir la nata o la leche, la pimienta y la sal y batir hasta que estén bien combinados.

- Poner una sartén antiadherente a fuego medio. Añadir la mantequilla. Cuando la mantequilla se derrita, añadir la mezcla de huevos. No remover durante 20 segundos.

- Remover ligeramente con una cuchara de madera. Levantar y doblar el huevo del fondo de la sartén.

- No remover durante otros 10 segundos. Levante y doble el huevo desde el fondo de la sartén.

- Repetir el paso anterior hasta que los huevos estén cocidos y blandos, pero también líquida en diferentes puntos. Apagar el fuego.

- Remover ligeramente una última vez y servir inmediatamente.

5. Huevos al horno individuales

Ingredientes

- 2 rebanadas de tocino

- 2 huevos

- ½ loncha de queso cheddar, cortada en 2 mitades (es decir, dos trozos de ¼ de loncha de queso)

- 2 cucharaditas de mantequilla derretida

Sirve: 2

Preparación

- Poner una sartén profunda a fuego medio-alto. Cocinar hasta que se dore, pero todavía esté blanda y manejable.

- Retirar el bacon y colocarlo en un plato forrado con papel de cocina.

- Coge 2 moldes para magdalenas. Forrar el interior de cada molde para muffins con una rebanada de tocino.

- Rocíe una cucharadita de mantequilla en cada taza.

- Romper un huevo en cada taza.

- Hornear en un horno precalentado a 350° F durante 10-15 minutos, dependiendo de cómo le guste la cocción.

- Colocar un trozo de queso encima. Hornea un poco más hasta que el queso se derrita.

- Servir caliente.

6. Huevos escoceses

Ingredientes

- 3 huevos medianos

- ¼ de cucharadita de sal o al gusto

- ½ libra de carne molida o picada de cerdo o ternera o cordero o pollo, preferiblemente carne magra

- Pimienta al gusto (opcional)

Sirve: 3

Preparación

- Llenar una cacerola con agua hasta la mitad y ponerla a fuego alto. Cuando el agua empiece a hervir, bajar el fuego a bajo. Bajar con cuidado los huevos a la cacerola.

- Deje que los huevos se cocinen durante 4 minutos.

- Escurrir y colocar en un recipiente con agua fría.

- Pelar después de 4-5 minutos. Secar los huevos dando palmaditas con papel de cocina.

- Añadir la carne (es mejor utilizar carne magra, ya que la carne puede deshacerse al hornearse), sal y pimienta en un bol y mezclar bien. Dividir la mezcla en 3 porciones iguales.

- Tome una porción de carne, colóquela en la palma de la mano y aplástela. Coloque un huevo en el centro y junte los bordes para encerrar el huevo. Colóquelo en una bandeja para hornear, engrasada con mantequilla.

- Repetir con el resto de la carne y los huevos.

- Hornear en un horno precalentado a 350° F durante 30 minutos, dependiendo de cómo le guste la cocción.

7. Huevos Lorena

Ingredientes

- 2 rebanadas de tocino canadiense

- 2 huevos

- Sal al gusto

- 1 rebanada de queso suizo

- 1 cucharada de crema agria

- Pimienta al gusto

Sirve: 1

Preparación

- Tome una fuente de horno poco profunda y ovalada (de aproximadamente 1 ½ tazas de capacidad). Forre el interior del plato con una loncha de bacon. Coloque una rebanada de queso en el plato.

- Romper los huevos en el plato.

- Añadir la crema agria, la sal y la pimienta en un bol y mezclar bien. Verter en la fuente de horno.

- Hornear en un horno precalentado a 350° F durante 10-15 minutos, hasta que los huevos, estén cocidos.

- Servir caliente.

8. Salchicha de Pollo y Tocino

Ingredientes

- 4 pechugas de pollo grandes o 2 libras de pollo molido

- 2 huevos batidos

- 4 rebanadas de tocino cocido, desmenuzado

- Sal al gusto

- Pimienta al gusto

Sirve: 24

Preparación

• Añadir todos los ingredientes en el bol del robot de cocina. Procese hasta que estén bien combinados.

• Dividir la mezcla en 24 porciones iguales y formar hamburguesas de aproximadamente ½ pulgada de grosor.

• Colocar las hamburguesas en una bandeja de horno forrada con papel de aluminio.

• Hornee en un horno precalentado a 425° F durante 20-25 minutos, dependiendo de cómo le guste la cocción.

• Retirar del horno y enfriar completamente. Se puede congelar o refrigerar hasta su uso.

RECETAS DE APERITIVOS DE LA DIETA CARNÍVORA

1.   Huevos rellenos

Ingredientes

- 4 huevos

- Agua, según sea necesario

- Sal o sal rosa del Himalaya al gusto

- Pimienta al gusto (opcional)

- 2 cucharadas de queso desmenuzado

Sirve: 2

Preparación

- Llenar una cacerola con agua hasta la mitad y ponerla a fuego alto. Cuando el agua empiece a hervir, bajar el fuego a bajo. Introducir con cuidado los huevos en la cacerola. Cocer durante 8-10 minutos.

• Escurrir y colocar en un recipiente con agua fría.

• Pelar después de 4-5 minutos.

• Partir los huevos por la mitad a lo largo. Saque con cuidado las yemas de los huevos y colóquelas en un bol.

• Añadir sal, pimienta y queso y triturar bien. Rellene la mezcla en la cavidad de las yemas con una cuchara o transfiera la mezcla a una manga pastelera y póngala en las cavidades.

• Servir tal cual o enfriar y servir más tarde.

2. Albóndigas

Ingredientes

- 2 1/4 libras de carne molida

- 1 cucharadita de sal

- 6 cucharadas de queso parmesano rallado

- 1 cucharadita de pimienta

Sirve: 4-5

Preparación

- Añade todos los ingredientes en un bol y mézclalos hasta que estén bien combinados.

- Hacer pequeñas bolas con la mezcla y colocarlas en una bandeja de horno forrada.

- Hornear en un horno precalentado a 350 ° F durante unos 20-30 minutos, dependiendo del tamaño de las albóndigas. Dar la vuelta a las bolas un par de veces mientras se hornean.

•   Alternativamente, coloque las albóndigas en una sartén y cúbralas con una tapa. Cocine hasta que estén hechas. Dar la vuelta a las albóndigas un par de veces.

3.   Rollos de queso y carne

Ingredientes

•   4 rebanadas de pavo cocido

•   4 rebanadas de queso

Sirve: 4

Preparación

- Colocar las lonchas de pavo en una fuente de servir. Coloque una rebanada de queso sobre cada una. Enrolle y coloque con los lados de la costura hacia abajo. Fije con un palillo si lo desea y sirva.

4. Tuétano asado

Ingredientes

- 8 mitades de médula ósea
- Pimienta recién molida al gusto
- Escamas de sal marina

Sirve: 4

Preparación

- Tome una bandeja de horno con borde y coloque las mitades de los huesos en ella, con el tuétano hacia arriba.

- Hornear en un horno precalentado a 350 ° F durante unos 20 a 25 minutos hasta que estén crujientes y doradas. La mayor parte de la grasa se liberará.

- Salpimentar al gusto y servir.

5. Albóndigas de pepperoni

Ingredientes

- 2 libras de carne picada o pollo

- 1 cucharadita de sal o al gusto

- 1 cucharadita de pimienta o al gusto

- 2 huevos, batidos

- ½ libra de rodajas de salchichón, molidas o picadas

Sirve: 8

Preparación

- Añade todos los ingredientes en un bol y mézclalos hasta que estén bien combinados.

- Hacer pequeñas bolas con la mezcla y colocarlas en una bandeja de horno forrada.

- Hornear en un horno precalentado a 350 ° F durante unos 20-30 minutos, dependiendo del tamaño de las albóndigas. Dar la vuelta a las bolas un par de veces mientras se hornean.

- Alternativamente, coloque las albóndigas en una sartén y cúbralas con una tapa. Cocine hasta que estén hechas. Dar la vuelta a las albóndigas un par de veces.

6.   Hamburguesas de hígado

Ingredientes

•   1 libra de carne de vacuno alimentada con hierba

•   ½ cucharadita de pimienta

•   ½ libra de hígado molido, escurrir el exceso de sangre

Sirve: 7-8

Preparación

•   Añade todos los ingredientes en un bol y mézclalos con las manos.

•   Hacer 7-8 porciones iguales de la mezcla y dar forma a las hamburguesas.

•   Asar a la parrilla en una parrilla precalentada por ambos lados hasta alcanzar el punto de cocción deseado y servir.

RECETAS DE SOPAS Y CALDOS DE LA DIETA CARNÍVORA

1.   Caldo japonés Tonkotsu Ramen

Ingredientes

•   1 ¼ de libra de huesos de cerdo, sin carne

•   1 ¼ libras de manitas de cerdo, sólo la parte de la pierna

•   Huesos de 1 pollo entero

•   5 1/3 onzas de piel de cerdo (opcional)

•   8 cuartos de agua + extra para escaldar

Sirve: 8

Preparación

• Picar los huesos más grandes en trozos más pequeños.

• Para escaldar los huesos: Coger una olla grande. Coloca las manitas y todos los huesos en ella. Vierta suficiente agua para cubrir los huesos.

• Poner la olla a fuego medio. Llevar a ebullición. Hervir durante 10 minutos. Retirar del fuego. Retirar los huesos y reservar.

• Deseche el agua y enjuague bien la olla.

• Limpiar los huesos de cualquier coágulo de sangre con un cuchillo afilado.

• Volver a añadir los huesos a la olla junto con la piel de cerdo. Añada 8 cuartos de agua

• a la misma. Llevar a ebullición.

- Bajar el fuego y dejar que se cocine a fuego lento.

- Al principio, la espuma comenzará a flotar. Retire la espuma con una cuchara grande y deséchela. Recorte también el exceso de grasa.

- Tapar y cocer a fuego lento durante unas 12-15 horas. El caldo se habrá reducido en cantidad y será más espeso.

- Retirar del fuego. Cuando se enfríe, colar en una jarra grande con un colador de malla metálica.

- Refrigerar durante 5-6 días. El caldo no utilizado se puede congelar.

- Para servir Calentar bien. Salpimentar al gusto y servir.

2. Caldo de huesos helado

Ingredientes

- 2 libras de huesos, preferiblemente con un poco de carne

- Agua, según sea necesario

- Sal rosa del Himalaya al gusto

Sirve: 2

Preparación

- Colocar los huesos en una olla. Llenar la olla con agua (al menos 5 cuartos). Añade una cucharadita de sal.

- Poner la olla a fuego medio. Llevar a ebullición. Hervir durante 5 minutos. Cubrir con una tapa. Bajar el fuego y cocer a fuego lento durante 4-5 horas.

- Cuando el caldo esté listo, retire la carne si la hay y utilícela.

- Colar el caldo y enfriar completamente. Utilizar según las necesidades.

- Para el caldo helado Llenar los vasos con hielo picado. Verter el caldo en los vasos y servir.

- Vierta las sobras en un frasco y refrigere hasta su uso.

3.   Sopa de hamburguesa con queso y bacon

Ingredientes

- ½ libra de carne picada

- 2 tazas de caldo de huesos

- Sal al gusto

- Pimienta al gusto (opcional)

- ¼ de taza de nata líquida

- ¼ de taza de trozos de tocino

- ½ taza de leche

- 1 taza de queso cheddar rallado

Sirve: 2

Preparación

- Poner una olla a fuego medio. Añade el bacon y cocínalo hasta que esté dorado y crujiente.

- Añada la carne y cocínela hasta que se dore. Romperla simultáneamente mientras se cocina.

- Añada el caldo, la leche, la sal y la pimienta.

- Cuando empiece a hervir, baja el fuego y cocina a fuego lento durante 8-10 minutos.

- Apagar el fuego. Añade el queso y la nata y remueve hasta que el queso se derrita por completo.

- Servir en tazones de sopa.

4. Sopa de huevo

Ingredientes

- 3 tazas de caldo de huesos de pollo

- 1 huevo batido

- Sal al gusto

- Pimienta al gusto

Sirve: 2

Preparación

- Hervir el caldo en una cacerola.

- Cuando el caldo empiece a hervir, bajar el fuego.

- Verter el huevo, en un chorro fino en el caldo removiendo simultáneamente. Remover sólo en una dirección.

- Apague el fuego. Déjelo reposar un minuto.

- Servir en platos de sopa. Sazone con sal y pimienta al gusto.

5. Sopa de pollo cremosa

Ingredientes

- 4 cucharadas de mantequilla

- 8 onzas de queso crema, cortado en cubos

- 4 tazas de caldo de huesos de pollo

- Sal al gusto

- Pimienta al gusto

- 4 tazas de pechuga de pollo cocida y desmenuzada

- ½ taza de crema de leche

Sirve: 8

Preparación

- Poner una cacerola a fuego medio. Añada la mantequilla y derrítala. Añadir el pollo y saltear durante un par de minutos hasta que el pollo esté bien cubierto por la mantequilla.

- Añadir el queso crema y mezclar bien.

- Cuando el queso crema se derrita, añadir el caldo y la nata y remover.

- Añadir sal y pimienta y remover.

- Servir en tazones de sopa.

6. Sopa de pollo con queso cheddar

Ingredientes

- 1 libra de pechugas de pollo sin piel y sin hueso, cortadas en trozos del tamaño de un bocado

- 4 tazas de leche

- 2 tazas de queso cheddar rallado

- 6 tazas de caldo de pollo

- Sal al gusto

- 1 cucharada de mantequilla

Sirve: 8

Preparación

•   Poner una cacerola a fuego medio. Añada la mantequilla y derrítala. Añadir el pollo y saltear durante un par de minutos hasta que el pollo esté bien cubierto por la mantequilla.

•   Añada el caldo y la leche. Cocinar hasta que el pollo esté tierno.

•   Apaga el fuego.

•   Añadir el queso y la sal y remover hasta que el queso se derrita.

•   Servir en tazones de sopa.

DIETA CARNÍVORA RECETAS DE AVES DE CORRAL

1.   Pavo con sal y pimienta

Ingredientes

•   1 pavo entero de unas 9-10 libras, desechar los menudillos

•   3-5 cucharadas de mantequilla

•   Sal gruesa al gusto

•   Pimienta recién molida al gusto

Sirve: 5-8

Preparación

• Vierta 2 tazas de agua en una sartén grande para asar. Coloque una rejilla en la sartén.

• Empieza por el cuello y afloja la piel de la zona del pecho. Coge un poco de mantequilla y frótala bajo la piel.

• Salpimentar generosamente todo el pavo y la cavidad. Con un hilo de cocina grueso, atar las patas. Coloque el pavo en la rejilla y meta las alas por debajo.

• Hornee en un horno precalentado a 350 °F durante 2 a 3 horas o hasta que la temperatura interna al comprobar con un termómetro de lectura instantánea en la parte más gruesa de la carne muestre 165 °F.

- Unte el pavo con el resto de la mantequilla cada 25 ó 30 minutos. Agite ligeramente el pavo para que el jugo cocido caiga en la sartén.

- Saque el pavo del horno y colóquelo en la tabla de cortar. Cubra con papel de aluminio y déjelo reposar durante 30 minutos.

- Cuando esté lo suficientemente frío como para manejarlo, córtelo en rodajas. Rocíe un poco del líquido cocido de la sartén sobre el pavo y sirva.

2. Pavo en salsa de crema

Ingredientes

- 3 cucharadas de mantequilla

- ¾ de taza de nata líquida

- Sal al gusto

- Pimienta al gusto

- ¾ de taza de caldo de pollo

- 2 tazas de pavo cocido y picado

Sirve: 4

Preparación

- Poner una sartén grande a fuego medio. Añade la mantequilla y cocina hasta que adquiera un color dorado.

- Añadir el caldo y cocer a fuego lento durante 5-6 minutos.

- Añadir la nata, el pavo, la sal y la pimienta. Cocinar a fuego lento durante unos minutos.

- Servir caliente.

3.   Pavo con salsa de queso cheddar

Ingredientes

• 4 rebanadas (1 onza cada una) de pechuga de pavo cocida

• 2 cucharadas de mantequilla + extra para engrasar

• ½ taza de leche o mitad y mitad

• Pimienta al gusto

• Sal al gusto

• ½ taza de queso cheddar rallado

Sirve: 2

Preparación

• Coge una pequeña fuente de horno cuadrada de unos 15x15 cm y engrásala con un poco de mantequilla.

224

- Colocar las lonchas de pavo en la fuente.

- Poner una cacerola a fuego medio. Añada la mantequilla y derrítala.

- Añade el pavo, la sal y la pimienta y cocina a fuego lento durante un par de minutos.

- Añadir el queso y cocinar hasta que se derrita y se mezcle bien con los demás ingredientes.

- Apaga el fuego.

- Verter sobre el pavo.

- Hornear en un horno precalentado a 350 ° F durante unos 20 minutos o hasta que la salsa esté burbujeante.

4.   Muslo de pato confitado

Ingredientes

• 2 piernas de pato con muslo, recortadas del exceso de grasa y conservadas

• 3-5 cucharadas de mantequilla

• Sal de mesa al gusto

• ½ cucharada de sal kosher

• Pimienta recién molida al gusto

• 2 tazas de grasa de pato (que se conservó)

• ¾ de cucharadita de granos de pimienta enteros

Sirve: 2

Preparación

• Colocar los muslos de pato en un plato grande, con la piel hacia abajo. Condimentar con sal kosher y pimienta.

- Verter la grasa de pato en una fuente de horno.

- Apilar los muslos de pato en la fuente de horno y meterlos en el frigorífico de 10 a 12 horas.

- Sacar el pato y enjuagarlo en agua fría. Limpie ligeramente la sal y la pimienta.

- Secar con toallas de papel.

- Retirar la grasa de pato y colocarla en una olla de hierro fundido esmaltada.

- Esparcir los granos de pimienta sobre la grasa. Espolvoree la sal por encima.

- Colocar el pato, con la piel hacia abajo en la olla. Poner un poco de grasa de pato encima del pato. Tapar e introducir en el horno precalentado.

- Hornear a 350 °F durante unas 2-3 horas o hasta que la carne se desprenda del hueso.

•   Colar la grasa del plato en un bol. Conserve la grasa para guardar la carne o utilizarla en alguna otra receta.

•   Si quieres servirlo enseguida, pasa los muslos de pato a una sartén, con la piel hacia abajo. Coloca la sartén a fuego medio-alto y dóralos hasta que la piel esté crujiente y dorada.

•   Si quieres comer después de unos días, retira la carne de los huesos y guárdala en un recipiente de gres. Vierta parte de la grasa retenida sobre la carne. (La grasa debe cubrir al menos ¼ de pulgada sobre la carne). Coloque el recipiente en el frigorífico hasta su uso. Puede durar un mes.

5.   Muslos de pollo crujientes

Ingredientes

- 6 muslos de pollo con piel

- 2 cucharadas de mantequilla o manteca de cerdo derretida

- Pimienta recién molida al gusto

- Sal Kosher al gusto

Sirve: 4-8

Preparación

- Secar el pollo dando palmaditas con papel de cocina. Sazonar con sal y pimienta.

- Revuelve bien.

- Colocar los trozos de pollo en una bandeja de horno con la piel hacia arriba, en una sola capa. Rocíe la mantequilla por encima

• Asar en un horno precalentado a 400 °F durante 20 - 30 minutos o hasta que esté bien cocido. La temperatura interna en la parte más gruesa de la carne debe mostrar 165 ° F.

• Si quiere que la piel esté crujiente, ase un par de minutos.

6. Hígados y corazones de pollo a la barbacoa

Ingredientes

• 2 libras de hígados de pollo, descongelados a temperatura ambiente

• 2 libras de corazones de pollo, descongelados a temperatura ambiente

• Pimienta al gusto

• Sal al gusto

- Unas cuantas brochetas de bambú, remojadas en agua durante una hora

Sirve: 4-6

Preparación

- Quitar el exceso de grasa de los corazones e hígados y limpiarlos también.

- Colóquelos en plano, en una cesta flexible para asar.

- Espolvoree sal y pimienta sobre la carne.

- Asar en una parrilla de carbón hasta que esté a su gusto.

7. Pollo con salsa de queso

Ingredientes

- 6 muslos de pollo

- ½ cucharadita de pimienta

- ½ cucharadita de sal

- 1 taza de caldo de huesos de pollo

- 4 onzas de queso crema

- ½ taza de crema de leche

- 10 cucharadas de mantequilla, divididas

- 1 taza de queso mozzarella rallado

Sirve: 3

Preparación

- Poner una sartén grande a fuego medio. Añade 2 cucharadas de mantequilla y deja que se derrita.

- Espolvorear sal y pimienta sobre el pollo. Espolvorear también por debajo de la piel.

- Coloque el pollo en la sartén con la piel hacia abajo.

- Tapar y cocinar durante 6 minutos o hasta que la parte de la piel esté dorada. Retirar el pollo con una espumadera y reservar en un plato.

- Vierta el caldo en la sartén. Raspe el fondo de la sartén para eliminar los trozos dorados que puedan estar pegados.

- Vuelva a añadir el pollo a la sartén. Tapar y cocinar hasta que el pollo esté bien cocido.

- Mientras tanto, prepare la salsa de la siguiente manera: Añadir el queso crema, la nata y el resto de la mantequilla en un cazo y ponerlo a fuego lento.

- Remover constantemente hasta que la mezcla esté bien incorporada. Apagar el fuego.

- Incorporar el queso mozzarella. Remover constantemente hasta que el queso se derrita.

- Colocar el pollo en cuencos. Vierta la salsa de queso por encima y sirva.

8. Pollo asado con sal y pimienta

Ingredientes

- 2-3 libras de pollo, cortado en partes (con hueso y piel si se usan pechugas de pollo)

- Pimienta recién molida al gusto

- Sal Kosher al gusto

Sirve: 4-8

Preparación

- Secar el pollo dando palmaditas con papel de cocina. También se puede utilizar el pollo entero. Colóquelo en un recipiente.

- Espolvoree sal y pimienta sobre el pollo. Enfriar durante 1 a 8 horas.

- Colocar los trozos de pollo en una bandeja de asar, con la piel hacia arriba, en una sola capa.

- Asar en un horno precalentado a 400 ° F durante unos 30 minutos (o 50-60 minutos si se utiliza el pollo entero) o hasta que se cocine. La temperatura interna en la parte más gruesa de la carne debe mostrar 165 ° F.

- Si quiere que la piel esté crujiente, ase un par de minutos.

- Si se utiliza el pollo entero, retírelo del horno y déjelo enfriar un poco. Cortar en rodajas y servir.

9.   Muslos de pollo con costra de parmesano y salsa de crema de tocino

Ingredientes:

Para el pollo con costra de parmesano:

- 4 muslos de pollo

- ½ taza de queso parmesano recién rallado

- ¼ de cucharadita de sal

- 2 -3 cucharadas de mantequilla derretida

- ¼ de cucharadita de pimienta (opcional)

Para la salsa de crema de tocino:

- 3 rebanadas de tocino

- ½ cucharada de crema agria

- ¼ de taza de nata para montar

- ½ cucharada de queso parmesano rallado

Sirve: 2

Preparación

- Añadir la mantequilla derretida en un recipiente poco profundo.

- Colocar la sal, la pimienta y el queso parmesano en un plato. Mezcle bien.

- Sumergir un muslo de pollo en la mantequilla. Sacudir para eliminar el exceso de mantequilla. Rebozar en el parmesano y colocar en una bandeja engrasada.

- en una fuente de horno con el lado de la piel hacia arriba.

- Repetir con el resto de los muslos de pollo.

- Hornear en un horno precalentado a 400 ° F durante unos 35 a 50 minutos, dependiendo del tamaño de los muslos.

- Para la salsa de crema de tocino: Poner una sartén a fuego medio.

- Añadir el bacon y cocinar hasta que esté crujiente. Retirar con una espumadera (conservar la grasa del tocino en la sartén) y reservar en un plato. Cuando esté lo suficientemente frío como para manejarlo, desmenuzar el bacon.

- Añadir la nata a la sartén y batir hasta que esté bien mezclada.

- Seguir batiendo hasta que aparezcan pequeñas burbujas en los bordes de la sartén.

- Batir la crema agria.

- Dividir el pollo en 2 platos. Repartir la salsa entre los platos y servir.

10. Pechugas de pollo sencillas y fritas en la sartén

Ingredientes

- 8 mitades de pechuga de pollo

- 2 cucharadas de mantequilla o manteca de cerdo

- Pimienta recién molida al gusto

- Sal Kosher al gusto

- ¼ de taza de queso parmesano rallado (opcional)

Sirve: 4-5

Preparación

- Poner una sartén de acero inoxidable o de hierro fundido a fuego medio. Añade la mantequilla o la manteca de cerdo y deja que la sartén se caliente.

- Con un mazo de carne, golpee la pechuga de pollo hasta que el pollo tenga un grosor uniforme.

- Sazonar con sal y pimienta si se utiliza. Dejar reposar durante 15-20 minutos.

- Coloque una sartén resistente al horno a fuego alto. Coloque el pollo en la sartén.

- Cocinar durante 2-3 minutos sin remover ni tapar. Cocinar hasta que se doren y suelten la grasa. Dar la vuelta a los lados y cocinar durante 2-3 minutos.

- Retirar del fuego y decorar con queso parmesano.

- Asar durante 2-3 minutos y servir.

11. Pollo con salsa cremosa de tocino

Ingredientes

- 10 muslos de pollo

- ½ cucharadita de pimienta

- ½ cucharadita de sal

- 1 taza de caldo de huesos de pollo

- 1 taza de crema doble de leche

- 4 cucharadas de mantequilla ablandada

- 16 rebanadas de tocino

Sirve: 10

Preparación

- Poner una sartén a fuego medio. Añade el bacon y cocínalo hasta que se dore. Escurrir la grasa que queda en la sartén. Cuando esté lo suficientemente frío como para manejarlo, córtelo en trozos pequeños. Reservar.

- Poner una sartén grande a fuego medio. Añada la mantequilla y derrítala.

- Espolvorear sal y pimienta sobre el pollo. Espolvorear también por debajo de la piel.

- Coloque el pollo en la sartén con la piel hacia abajo.

- Tapar y cocinar durante 6 minutos o hasta que la parte de la piel esté dorada. Retirar el pollo con una espumadera y reservar en un plato.

- Vierta el caldo en la sartén. Raspe el fondo de la sartén para eliminar los trozos dorados que puedan estar pegados.

- Vuelva a añadir el pollo a la sartén. Añade la mitad del bacon. Tapar y cocinar hasta que el pollo esté bien cocido. Retirar el pollo con una espumadera y reservar.

- Añadir la nata y el resto de la mantequilla en la misma sartén.

- Remover constantemente hasta que la mezcla esté bien incorporada.

- Vuelva a añadir el pollo a la sartén y mezcle bien. Cocine a fuego lento durante un par de minutos. Apague el fuego.

- Colocar el pollo en los cuencos. Espolvorear el resto del tocino por encima y servir.

12. Ensalada de pollo fácil

Ingredientes

- 1 taza de crema agria

- 4-5 mitades de pechuga de pollo

- Sal al gusto

- Pimienta al gusto

- 1 taza de queso feta desmenuzado

- 4 rebanadas de tocino

- 4 huevos duros, pelados y cortados en cuartos

Sirve: 4-5

Preparación

- Colocar el pollo en una olla. Cúbralo con agua fría. Espolvorear con sal.

- Poner la olla a fuego medio. Cocinar hasta que el pollo esté tierno. Retira el pollo con unas pinzas y colócalo en tu tabla de cortar. Desmenuza o corta en trozos.

- Poner una sartén a fuego medio. Añada el bacon y cocínelo hasta que se dore.

- Retirar con una espumadera y colocar en un plato forrado con papel de cocina. Cuando se enfríen lo suficiente como para manipularlas, córtalas en trozos.

- Añada el pollo, el bacon y el resto de los ingredientes en un bol y mézclelos suavemente.

- Enfriar y servir.

DIETA CARNÍVORA RECETAS DE MARISCO

1. Filetes de pescado al horno

Ingredientes

- 2-3 cucharadas de mantequilla derretida + extra para engrasar

- Filetes de caballa de 1 libra

- Pimienta al gusto

- ½ cucharadita de sal

Sirve: 3

Preparación

• Engrasar una fuente de horno con un poco de mantequilla. Colocar los filetes en la fuente. Espolvorear sal y pimienta por encima.

• Rocíe la mantequilla derretida sobre los filetes.

• Hornee en un horno precalentado a 350 °F durante unos 20 a 25 minutos o hasta que el pescado se desmenuce fácilmente al pincharlo con un tenedor.

• Servir caliente.

2. Perfectos filetes de pescado a la parrilla

Ingredientes

• 2 filetes grandes de pescado blanco

- ½ cucharadita de pimienta recién molida

- ¾ cucharadita de sal kosher + extra para decorar

- 4 cucharadas de mantequilla derretida

Sirve: 2-3

Preparación

- Limpie y enjuague los filetes y colóquelos sobre capas de toallas de papel. Seque también los filetes con toallas de papel.

- Espolvorear la mitad de la sal y la mitad de la pimienta sobre los filetes. Vierta la mitad de la mantequilla sobre el pescado. Pincelar la mantequilla sobre los filetes.

- Dar la vuelta a los lados del filete y espolvorear el resto de la sal y la pimienta por encima. Vierta la mantequilla restante y pincélela sobre los filetes.

- Precaliente una parrilla a fuego alto durante 5-10 minutos. Limpie la rejilla de la parrilla y baje el fuego a bajo.

- Coloque los filetes en la parrilla y cúbralos con la tapa. Asar durante 7-10 minutos o hasta que se desmenuce fácilmente al pincharlo con un tenedor.

- Espolvorear un poco más de sal por encima y servir.

3. Langosta partida a la parrilla

Ingredientes

- 4 cucharadas de mantequilla derretida + extra para servir y engrasar

- Sal Kosher al gusto

- Pimienta recién molida al gusto

*   4 langostas vivas (1 ½ libra cada una)

Sirve: 4-6

Preparación

*   Precaliente una parrilla a fuego alto durante 5-10 minutos. Limpie la rejilla de la parrilla y baje el fuego a bajo.

*   Colocar las langostas en el congelador durante 15 minutos.

*   Sujetar la cola. Partir las langostas por la mitad a lo largo. Empezar desde el punto donde la cola se une al cuerpo y hasta la cabeza. Voltea los lados y pártelos por la mitad a lo largo por la cola.

*   Frote la mantequilla derretida en la parte cortada, inmediatamente después de cortarla. Espolvoree sal y pimienta por encima.

- Colocar en la parrilla y presionar las garras en la parrilla hasta que se cocinen. Asar durante 6-8 minutos.

- Dale la vuelta y cocina hasta que esté bien cocido y ligeramente carbonizado.

- Servir directamente de la parrilla con mantequilla derretida por encima.

4.   Filete a la parrilla con mantequilla de queso azul

Ingredientes

- 4 cucharadas de mantequilla, ligeramente ablandada

- Sal al gusto

- Pimienta recién cortada al gusto

- Mantequilla derretida, para pincelar

- 2-3 cucharadas de queso azul de Cabrales desmenuzado

- 2 filetes mignon (1 ½ pulgadas de grosor)

Sirve: 2

Preparación

- Añadir la mantequilla, la sal, la pimienta y el queso en un bol y remover. Tapar y enfriar durante 30 minutos.

- Unte los filetes con mantequilla derretida. Espolvoree sal y pimienta sobre el filete.

- Colóquelo en una parrilla precalentada (a fuego alto) y áselo por ambos lados hasta que esté medio crudo y carbonizado.

- Sacar los filetes y colocarlos en el plato.

- Unte la mantequilla de queso azul por encima.

- Servir después de 5 minutos.

RECETAS DE CARNE DE LA DIETA CARNÍVORA (TERNERA, CORDERO, CERDO, ETC.)

1. Filete al horno / a la parrilla

Ingredientes

- 1 filete de lomo (10-12 onzas), de 1 ½ pulgadas de grosor, a temperatura ambiente

- ¼ de cucharadita de sal kosher

- 1 cucharada de mantequilla o manteca de cerdo derretida

- Pimienta recién molida al gusto (opcional)

Sirve: 1

Preparación

• Secar el filete dando palmaditas con papel de cocina.

• Para asar en el horno: Unte el filete con ½ cucharada de mantequilla y frótelo bien. Espolvorear sal y pimienta si se utiliza.

• Poner una sartén a fuego medio. Cuando la sartén se caliente, coloque el filete en la sartén y cocínelo durante un minuto. Déle la vuelta a los lados y cocine durante un minuto.

• Colocar una rejilla en una bandeja de horno con borde.

• Coloque el filete en la rejilla. Coloque la bandeja para hornear en el horno.

• Asar en un horno precalentado a 375 ° F:

• Para que esté poco hecho: asar durante 10 minutos y la temperatura interna debe ser de 120 °F.

- Para un nivel medio: Asar durante 14 minutos y la temperatura interna debe ser de 145 ° F.

- Para una buena cocción: Asar durante 18 minutos y la temperatura interna debe ser de 155 ° F.

- Para asar en el horno: Después del paso 2, coloque el filete en una sartén para asar. También se puede mantener en una rejilla.

- Coloque la bandeja de asar a 15 cm de distancia de la resistencia.

- Para que quede poco hecho: Asar durante 2 minutos. Dar la vuelta una vez y asar durante 2 minutos.

- Para un nivel medio: Asar durante 4 minutos. Dar la vuelta una vez y asar durante unos minutos.

- Para una buena cocción: Asar durante 6 minutos. Dar la vuelta una vez y asar durante 6 minutos.

- Servir caliente.

2.   Albóndigas de hígado y tocino

Ingredientes

- 1 libra de hígado de vacuno alimentado con pasto y terminado, descongelado

- 3 libras de carne molida alimentada con pasto y terminada

- 16 onzas de tocino orgánico sin curar, picado en trozos pequeños

- ½ taza de nata de la parte superior de la leche cruda

- 2 huevos

- Sal marina al gusto

- Pimienta recién molida al gusto

Sirve: 6

Preparación

- Poner una sartén grande a fuego medio. Añade el bacon y cocínalo hasta que esté dorado pero no demasiado crujiente.

- Retire el tocino con una espumadera y colóquelo en un plato forrado con capas de papel absorbente.

- Cuando el tocino se enfríe, páselo al bol del procesador de alimentos y procéselo hasta que se desmenuce. Añada el hígado al bol del procesador de alimentos. Continúe procesando hasta que tenga una textura líquida.

- Añadir los huevos, la sal, la pimienta y la nata en un bol y batir bien. Verter en el bol del robot de cocina. Añada también la carne de vacuno y pulse hasta que esté bien combinada.

• Hacer pequeñas bolas con la mezcla.

• Calentar la misma sartén en la que se ha cocinado el beicon. Añadir las albóndigas y cocinarlas hasta que se doren por todos lados (2-3 minutos por cada lado). Tapar y cocinar hasta que la carne del interior esté bien cocida. Añadir más mantequilla o manteca de cerdo si es necesario, se freirá.

• Servir caliente.

3. Hamburguesa carnívora

Ingredientes

• 2 libras de carne molida

• 2 libras de bisonte molido

- 2 libras de cordero molido

- 2 libras de carne de cerdo molida

- 8 huevos grandes

- Sal al gusto (opcional)

- Pimienta al gusto (opcional)

Sirve: 8

Preparación

- Precaliente la parrilla a fuego alto.

- Añadir toda la carne y los huevos en un bol grande y mezclar bien con las manos.

- Dividir la mezcla en 8 porciones iguales. Formar hamburguesas de unos 2,5 cm de grosor. Sazone con sal y pimienta si lo desea.

- Coloque 2-3 hamburguesas en la parrilla precalentada. Asar durante 5-7 minutos. Dar la vuelta a los lados y cocinar durante 5-7 minutos. La temperatura interna de la

hamburguesa debe ser de alrededor de 135 °
F cuando se comprueba con un termómetro de
carne. Asar en tandas.

- Retire las hamburguesas de la parrilla y
colóquelas en un plato. Cubra con papel de
aluminio durante 5 minutos.

- Sirve.

4.   Pastel de carne carnívoro

Ingredientes:

- 2 libras de carne de cerdo molida (80/20)

- 4 libras de carne picada (80/20)

- Sal al gusto

Sirve: 2-4

Preparación

• Añada la carne de vacuno en un bol para mezclar. Añadir la sal y mezclar con las manos hasta que esté bien combinada.

• Añadir la carne de cerdo y amasar hasta que esté bien combinada.

• Pasar a una fuente de horno rectangular. Presione bien sobre el fondo de la fuente.

• Hornear en un horno precalentado a 350 ° F durante unos 30-40 minutos o hasta que los jugos cocidos se liberan en el centro, y se ve cocido en los bordes. Los bordes comenzarán a salir del plato.

• Retirar del horno.

• Enfriar un poco. Cortar en rodajas y servir.

5.   Chuletas de cerdo con mantequilla de parmesano

Ingredientes

* 4 chuletas de cerdo

* 4-5 cucharadas de mantequilla

* 5-6 cucharadas de queso parmesano en polvo

* Sal al gusto

Sirve: 2

Preparación

* Poner una sartén grande a fuego medio. Añadir la mantequilla. Cuando la mantequilla se derrita, coloque las chuletas de cerdo y cocínelas hasta que se doren ligeramente por

ambos lados. Pasar las chuletas de cerdo a una fuente de horno.

•   Rocíe la mantequilla sobre las chuletas de cerdo. Espolvorear sal y queso parmesano en polvo.

•   Cubrir la fuente con papel de aluminio.

•   Hornear en un horno precalentado a 275 ° F durante unos 30 minutos.

6.   Hamburguesas 50/50/50

Ingredientes

•   2 libras de carne molida o cualquier otra carne de su elección

•   2 libras de tocino

•   2 libras de hígado de bisonte o cualquier otro hígado de su elección

Sirve: 6-8

Preparación

• Añadir el bacon y el hígado en el bol del procesador de alimentos y procesar hasta que el hígado se vuelva casi líquido.

• Pasar a un bol. Añadir la carne picada y mezclar bien.

• Dividir la mezcla en porciones de 8 onzas y formar hamburguesas.

• Asa las hamburguesas en una parrilla precalentada o cocínalas en una sartén con un poco de manteca o mantequilla.

• También se puede hornear en un horno precalentado a 400 °F durante unos 18-20 minutos según el grado de cocción deseado.

7.   Bistec a la sartén perfecto

Ingredientes

•   Bistec de 7/8 de grosor

•   Mantequilla o manteca de cerdo
derretida, para pincelar

•   Sal al gusto

•   Pimienta al gusto

Sirve: 1-2

Preparación

•   Poner una sartén a fuego medio-alto y
dejar que se caliente.

•   Unte el filete con mantequilla y colóquelo
en la sartén.

•   Para que queden poco hechos: cocínelos
durante 2-3 minutos. Voltee los lados una vez

y cocine el lado durante 2-3 minutos. Con unas pinzas (parte trasera), presione el filete en el centro. Si está blando, apague el fuego.

• Para un nivel medio: Cocine durante 4 minutos. Dar la vuelta al lado y cocinar el otro lado durante 4 minutos. Con unas pinzas (parte trasera), presione el filete en el centro. Si está ligeramente más firme, apague el fuego.

• Para una buena cocción: Cocinar durante 5-6 minutos. Dar la vuelta al lado y cocinar el otro lado durante 5-6 minutos. Con unas pinzas (parte trasera), presione el filete en el centro. Si está muy firme, apague el fuego.

• Cuando el filete esté cocinado a su gusto, retire el filete de la sartén y colóquelo en un plato. Cubra con papel de aluminio y déjelo reposar durante 5 minutos.

• Cortar en rodajas y servir. Condimentar con sal y pimienta si se desea.

8.   Lengua de vaca a la sartén

Ingredientes

•   2 lenguas de vaca enteras, enjuagadas

•   2 cucharadas de manteca de cerdo o mantequilla

•   3 tazas de agua

Sirve: 2

Preparación

•   Vierta agua en una cacerola. Añada las lenguas y ponga la cacerola a fuego medio.

•   Cuando empiece a hervir, bajar el fuego a bajo. Tápelo y cocínelo hasta que esté tierno. Alternativamente, puede cocinarlo en una olla a presión.

- Retire las lenguas y colóquelas en la tabla de cortar. Cuando estén lo suficientemente frías como para manejarlas, córtalas en rodajas.

- Poner una sartén a fuego medio. Añada la mantequilla y derrítala. Colocar las rodajas de lengua y dorarlas durante 2-3 minutos. Dar la vuelta a los lados y cocinar el otro lado durante 2-3 minutos.

- Servir caliente.

CONCLUSIÓN

Como has llegado al final de este libro, en primer lugar, me gustaría agradecerte que hayas utilizado esta guía para aprender más sobre la dieta carnívora. Espero que hayas obtenido suficiente información para entender las ventajas y desventajas de seguir sólo esta dieta. Estoy seguro de que los amantes de la carne la probarán.

Hay varios foros en línea que usted puede encontrar si desea escuchar más de las personas que ya han adoptado la dieta. También puede ponerse en contacto con un médico para decidir si la dieta es adecuada para usted; sin embargo, esta dieta es adecuada y beneficiosa para usted la mayoría de las veces, especialmente en términos de pérdida de peso. Puede parecer un poco duro superar la primera semana de empezar la dieta, pero hay que perseverar en ella.

La dieta se vuelve muy fácil de seguir después de estos días iniciales, y te vas a acostumbrar a ella. Haz un seguimiento de tus progresos y calcúlalos tanto cuantitativa como cualitativamente al mantener la dieta. Utiliza este libro como referencia y comprueba cómo te funciona al seguir la dieta carnívora. Si te resulta útil, también puedes compartirlo con familiares o amigos que también puedan beneficiarse de seguir la dieta carnívora, o recomendarlo.